维吾尔族是中国多民族大家庭中的一员,是中亚最古老的民族之一,它不仅有悠久的历史,而且有灿烂辉煌的文化。在漫长的历史发展过程中,维吾尔族人民用勤劳和智慧创造了优秀的文化,有着独特的民族风情。

走近中国少数民族丛书
主编/丹珠昂奔

维吾尔族 Weiwu'erzu

艾克拜尔·吾拉木 买力克·买买提 伊利迪尔 著

辽宁民族出版社

© 艾克拜尔·吾拉木　买力克·买买提　伊利迪尔　2015

图书在版编目（CIP）数据

维吾尔族 / 艾克拜尔·吾拉木，买力克·买买提，伊利迪尔著. —沈阳：辽宁民族出版社，2015.12（2020.5重印）
（走近中国少数民族丛书 / 丹珠昂奔主编）
ISBN 978-7-5497-1236-6

Ⅰ. ①维… Ⅱ. ①艾… ②买… ③伊… Ⅲ. ①维吾尔族— 民族历史 — 中国 ②维吾尔族 — 民族文化 — 中国　Ⅳ. ①K281.5

中国版本图书馆CIP数据核字（2015）第303535号

走近中国少数民族丛书·维吾尔族
ZOUJIN ZHONGGUO SHAOSHU MINZU CONGSHU·WEIWU'ERZU

丛书策划 / 李凤山

出版发行者：	辽宁民族出版社
地　　　址：	沈阳市和平区十一纬路25号　邮编：110003
印　刷　者：	河北锐文印刷有限公司
幅面尺寸：	170mm×240mm
印　　张：	12.75
字　　数：	190千字
出版时间：	2015年12月第1版
印刷时间：	2020年5月第2次印刷
责任编辑：	李凤山　吴昕阳
封面设计：	杜　江
责任印制：	杨　雪
责任校对：	边京爱

标准书号：ISBN 978-7-5497-1236-6
定　　价：38.00元

网　址：www.lnmzcbs.com　　　　邮购热线：024-23284335
淘宝网店：http：//lnmz2013.taobao.com
如有印装质量问题，请与出版社联系调换　　联系电话：024-23284340

《走近中国少数民族丛书》编辑委员会

主　编 / 丹珠昂奔（藏族）

副主编 / 武翠英　张学进　李凤山（蒙古族）

编　委 /（按姓氏音序排列）

巴哈提（哈萨克族）　　白庚胜（纳西族）　　白兰英（蒙古族）

陈　丹（彝族）　　　　杜　江　　　　　　黄如猛（壮族）

金顺玉（朝鲜族）　　　李　璜　　　　　　李　欣（朝鲜族）

李有明（回族）　　　　吕　怡　　　　　　莫福山（藏族）

权春哲（朝鲜族）　　　萨仁图娅（蒙古族）　佟　强（蒙古族）

吴昕阳（满族）　　　　徐　凯　　　　　　殷德俭

张学林（朝鲜族）　　　钟廷雄（壮族）　　　朱　虹（蒙古族）

《走近中国少数民族丛书》作者名录

《蒙古族》 萨仁图娅（蒙古族）

《回族》 许宪隆（回族） 张龙（汉族）

《藏族》 丹珠昂奔（藏族）

《维吾尔族》 艾克拜尔·吾拉木（维吾尔族）
　　　　　买力克·买买提（维吾尔族）
　　　　　伊利迪尔（维吾尔族）

《苗族》 石莉芸（苗族） 李云兵（苗族）

《彝族》 陈国光（彝族）

《壮族》 黄佩华（壮族）

《布依族》 周国炎（布依族）

《朝鲜族》 黄有福（朝鲜族）

《满族》 于今（满族）

《侗族》 杨筑慧（侗族）

《瑶族》 玉时阶（壮族）

《白族》 董建中（白族）

《土家族》 罗中（土家族） 罗午（土家族）

《哈尼族》 朱志民（哈尼族） 李泽然（哈尼族）

《哈萨克族》 艾克拜尔·米吉提（哈萨克族）
　　　　　　伊拉达·拉音别克（哈萨克族）

《傣族》 赵瑛（傣族）

《黎族》 罗文雄（黎族）

《傈僳族》 鲁建彪（傈僳族） 欧光明（傈僳族）

《佤族》 郭锐（佤族）

《畲族》 钟亮（畲族）

《台湾少数民族》 林华（台湾少数民族）

《拉祜族》 苏翠薇（拉祜族）

《水族》 韦学纯（水族）

《东乡族》 马兆熙（东乡族） 马自祥（东乡族）

《纳西族》 白庚胜（纳西族） 孙淑玲（汉族）
　　　　　白羲（纳西族）

《景颇族》 金黎燕（景颇族）

《柯尔克孜族》 阿地里·居玛吐尔地（柯尔克孜族）

《土族》 祁进玉（土族） 东永学（土族）

《达斡尔族》 毅松（达斡尔族）

《仫佬族》 黎学锐（仫佬族） 黎炼（仫佬族）

《羌族》 雍继荣（羌族） 罗吉华（羌族）
　　　　周发成（羌族）

《布朗族》 陶玉明（布朗族）

《撒拉族》 马成俊（撒拉族） 马建新（撒拉族）

《毛南族》 韩德明（汉族）

《仡佬族》 周小艺（仡佬族）

《锡伯族》 阿苏（锡伯族） 盛丰田（锡伯族）
　　　　　何荣伟（锡伯族）

《阿昌族》 们发延（阿昌族） 张斯齐（蒙古族）

《普米族》 朱凌飞（汉族） 杨周明（普米族）

《塔吉克族》 西仁·库尔班（塔吉克族）
　　　　　　阿力木江·西仁（塔吉克族）

《怒族》 李月英（傈僳族） 张芮婕（傈僳族）

《乌孜别克族》 古丽巴努木·克拜吐里（维吾尔族）

《俄罗斯族》 乃珂热曼·依布拉音（塔吉克族）

《鄂温克族》 黄任远（汉族） 那晓波（鄂温克族）

《德昂族》 袁丽华（汉族） 王燕（汉族）

《保安族》 马少青（保安族）

《裕固族》 董潇红（裕固族） 王政德（藏族）

《京族》 吕俊彪（汉族）

《塔塔尔族》 卡米力·库尔马尤夫（塔塔尔族）

《独龙族》 李金明（独龙族）

《鄂伦春族》 王为华（汉族）

《赫哲族》 黄任远（汉族）

《门巴族》 陈立明（汉族） 张媛（汉族）

《珞巴族》 陈立明（汉族） 李锦萍（汉族）

《基诺族》 朱映占（汉族）

总序

中国是一个统一的多民族国家。几千年来，有着悠久历史和灿烂文化的少数民族，与汉族一道，在中华大地上繁衍生息，共同开发着这块土地，建设、发展、捍卫着这个古老而伟大的国家。各民族都是兄弟，相互离不开，都是这个国家的主人。习近平总书记在第二次中央新疆工作座谈会上发表重要讲话，指出："要坚定不移坚持党的民族政策、坚持民族区域自治制度。民族团结是各族人民的生命线。要高举各民族大团结的旗帜，在各民族中牢固树立国家意识、公民意识、中华民族共同体意识，最大限度团结依靠各族群众，使每个民族、每个公民都为实现中华民族伟大复兴的中国梦贡献力量，共享祖国繁荣发展的成果。各民族要相互了解、相互尊重、相互包容、相互欣赏、相互学习、相互帮助，像石榴籽那样紧紧抱在一起。""要在各族群众中牢固树立正确的祖国观、民族观，弘扬社会主义核心价值体系和社会主义核心价值观，增强各族群众对伟大祖国的认同、对中华民族的认同、对中华文化的认同、对中国特色社会主义道路的认同。"因此，坚持平等、团结、互助、和谐的社会主义民族关系，不断增进了解，深化友谊，建立牢不可破的感情基础，是中国社会转型期、改革攻坚期、矛盾多发期保持社会稳定、发展的基本要求，也是实现中华民族伟大复兴的中国梦的基本要求。

为了进一步宣传我国少数民族的历史文化和民族风情，增强对少数民族的认识，宣传党的民族政策和方针，加深对党的民族政策的理解，加强各民族之间的了解与沟通，让读者了解少数民族，中华人民共和国国家民族事务委员会文化宣传司和辽宁民族出版社共同组织了《走近中国少数民族丛书》。

《走近中国少数民族丛书》的编写有以下三个特点：第一，采用图文并茂的形式、鲜活生动的语言、特色浓郁的图片与丰富的民族常识链接，向读者展示我国55个少数民族的历史渊源、民族变迁、社会生活、文化艺术、风俗习惯、历史人物和民族区域自治政策的伟大实践。第二，作者多为本民族的专家学者和与民族研究工作相关的专家学者，对自己撰述的对象既有深厚的知识积累，也有真挚的情感。第三，内容彰显了历史与现实、民族文化与地域文化、民族区域自治地方与散杂居地区少数民族生产生活的多彩画卷和轨迹，引导读者走近少数民族，聆听他们的古老传说，感受他们的发展变化，加深彼此的沟通和了解。这套《走近中国少数民族丛书》是面向民族干部和各级干部通览我国少数民族概况的普及读本，也是图书馆的必备藏书。

《走近中国少数民族丛书》所揭示的每一个民族的历史，都承载着这个民族的文化，也承载着这个民族的发展和未来。中华大地孕育的55个少数民族多彩斑斓的民族文化，同汉族文化一道从远古走到今天，汇入了中华文化壮阔的历史长河。"共同团结奋斗，共同繁荣发展"，保护、传承和弘扬少数民族优秀文化，不仅是推动我国民族团结进步事业的重要内容，也是构建和谐社会、实现中华民族伟大复兴的中国梦的重要使命。期待通过《走近中国少数民族丛书》，使广大读者徜徉于少数民族多彩风情的同时，更加深刻地了解和认知中华民族多元一体的文化内涵，感受中华民族悠久历史的深远与厚重。

丹珠昂奔

2014年6月26日

前言

维吾尔族 天山脚下的夜莺

维吾尔族是中国多民族大家庭中的一员，是中亚最古老的民族之一，不仅有悠久的历史，而且有灿烂辉煌的文化。在漫长的历史发展过程中，维吾尔族人民用勤劳和智慧创造了优秀的文化，有着独特的民族风情。一直以来，维吾尔族就是热爱和平、珍惜生命、甘愿为祖国奉献生命的民族。在历史上，维吾尔族人民为维护祖国的统一曾做出过巨大的贡献，涌现出许多忠心报国的仁人志士。

根据2010年第六次全国人口普查统计，维吾尔族总人口为10 069 346人，主要聚居在新疆维吾尔自治区。新疆地区维吾尔族主要分布在天山以南，塔里木盆地周围的绿洲是维吾尔族的聚居中心，其中尤以喀什噶尔绿洲、和田绿洲以及阿克苏河和塔里木河流域最为集中。天山东端的吐鲁番盆地，也是维吾尔族较为集中的区域。天山以北的伊犁谷地和吉木萨尔、奇台一带，有为数不多的维吾尔族定居。此外，在我国湖南省桃源县和河南省渑池县，也有少量维吾尔族分布。

新疆维吾尔自治区地处我国西北边陲、亚欧大陆腹地，是我国面积最大、陆地边境线最长的省级行政区。全区面积166万平方公里，约占全国总面积的1/6。陆地边境线5 600多公里，约占全国陆地边境线总长的1/4。由北向南依次与蒙古、俄罗斯、哈萨克斯坦、吉尔吉斯斯坦、塔吉克斯坦、阿富汗、巴基斯坦和印度8个国家接壤。

新疆的地形特点是山脉与盆地相间排列，盆地被高山环抱，俗喻"三山夹两盆"。新疆北有阿尔泰山，南有昆仑山，天山横亘中部，把新疆分为自然景色各异、风貌迥然不同的南北两个部分。习惯上称天山以南为南疆，天山以北为北疆。天山南麓，有我国最大的盆地塔里木盆地，盆地中央是我国最大的沙漠塔克拉玛干大沙漠。天山北麓，有孕育克拉玛依油田的准噶尔盆地和宽阔、富饶的伊犁河谷地。此外，在天山东端，有我国夏季气温最高、陆地上海拔最低的吐鲁番盆地。

山区融雪和降水是新疆河流的源泉。新疆有数百条河流，除额尔齐斯河注入北冰洋外，其余皆为内流河。世界上最长的内流河塔里木河和叶尔羌河、玉龙喀什河、车尔臣河灌溉着塔里木盆地四周肥沃的土地，伊犁河、额尔齐斯河、乌伦古河及玛纳斯河哺育着北疆广阔的田野和牧场。许多内流河的下游，潴为湖泊，有罗布泊、博斯腾湖、布伦托海、艾比湖等，盛产鱼类和芦苇。

新疆属典型大陆性气候。南疆干旱而温暖，有"塞外江南"之称；北疆较为寒冷，雨雪充沛。区内山脉融雪形成众多河流，为分布在盆地边缘和河流流域的绿洲提供了灌溉水源。在盆地边缘的沙漠和戈壁开发绿洲，是维吾尔族农业的特色。小麦、玉米、水稻是新疆主要的粮食作物，经济作物以棉花为主。新疆的自然资源十分丰富。天山有蕴藏量极大的煤和铁，阿尔泰山以盛产黄金著称，昆仑山的和田玉自古有名，还有各种有色金属和稀有金属、绵延千里的油气田、尚未开垦的可耕地，地热、风能、太阳能也有着很大的开发潜力。

现代维吾尔语是维吾尔民族的共同语言，属阿尔泰语系突厥语族。历史上，维吾尔语的发展经历了三个阶段：古突厥语阶段（7世纪—13世纪），察合台语阶段（14世纪—18世纪），近代和现代维吾尔语阶段（19世纪至今）。在我国，现代维吾尔语分为中心、和田、罗布三个方言，标准语以中心方言为基础，以伊犁——乌鲁木齐语音为标准音。维吾尔语与同语族的哈萨克语、柯尔克孜语、乌孜别克语等亲属语言既有许多共同之处，也独具自己的特点。

新疆历史上曾是欧亚大陆交通和文明交往的通道，连接古代东西方文明的"丝绸之路"从这里经过。特定的地理区位，使新疆历史发展呈现出鲜明的多民族并存与融合、多种文化兼容与并蓄的特色。自公元前1世纪起，新疆地区就是中国的重要组成部分，并在中国统一多民族国家构建和发展中发挥了重要作用。

新疆的发展与进步，是在中华人民共和国这个统一的多民族国家中实现的，是在稳定的社会环境中实现的，也是各族人民共同团结奋斗的结果。今天，新疆各族人民十分珍惜来之不易的大好局面，坚持以经济建设为中心不动摇，坚持维护社会大局稳定不动摇，坚持各民族共同团结奋斗、共同繁荣发展不动摇，同呼吸、共命运、心连心，巩固和发展平等、团结、互助、和谐的社会主义民族关系，不断推进新疆的发展与进步。

《走近中国少数民族丛书·维吾尔族》阐述并介绍了维吾尔族的历史、物质文化、社会文化、信仰文化、教育与典籍、民间文学与艺术、民间技艺、维吾尔族对伟大祖国的贡献、大美新疆。通过对维吾尔族的介绍，读者可以对维吾尔族人民以自己的勤劳、勇敢和智慧创造的悠久历史和丰富文化有所了解，可以认识到维吾尔族是具有爱国主义传统的英雄民族，是文化底蕴深厚、能歌善舞的民族，是尊老敬长、讲究礼仪的民族，是注重教育、人才辈出的民族，是真诚质朴、开放进取的民族，是与各兄弟民族团结互助、共同发展的民族，是对伟大祖国有突出贡献的民族。

维吾尔族同守护与建设这片土地的新疆各族人民是伟大而光荣的。当前，中国人民正在为建设一个富强、民主、文明、和谐的社会主义现代化国家而奋斗。有中国共产党和中央人民政府的关怀和支持，有新疆各族人民团结一心、共同奋斗，伴随国家的发展与进步，新疆的明天一定会更加美好。

目录

总序	001
前言	003
第一章　历史追忆	009
族源与族称	010
历史追忆	011
清代新疆	016
1911—1949年	021
社会制度	022
民族区域自治	025
第二章　物质文化	029
生产习俗	030
饮食习俗	037
服饰习俗	041
居住习俗	053
卫生习俗	060
交通习俗	061
第三章　社会文化	065
家庭礼仪	066
交往礼仪	069
人生习俗	072
婚姻习俗	075
丧葬习俗	079
节庆习俗	081
禁忌习俗	083
第四章　信仰文化	087
宗教信仰	088
伊斯兰教活动	092
麻扎朝拜	094

第五章　教育与典籍 ········· 097
语言文字 ········· 098
民族教育 ········· 100
古籍文献 ········· 105

第六章　民间文学与艺术 ········· 113
民间文学 ········· 114
作家文学 ········· 117
民间美术 ········· 123
民间歌舞 ········· 126
非物质文化遗产 ········· 133

第七章　民间技艺 ········· 139
民间医药 ········· 140
民间工艺 ········· 146
民间体育 ········· 155
民间游戏 ········· 158

第八章　维吾尔族对伟大祖国的贡献 ········· 163
积极促进民族团结 ········· 164
英勇保卫祖国边疆　坚定维护祖国统一 ········· 166

第九章　大美新疆 ········· 175
秀美山川 ········· 176
风物特产 ········· 179
文明古城 ········· 183
名胜古迹 ········· 187

参考文献 ········· 194
图片提供者 ········· 196
后记 ········· 197

第一章
历史追忆

  维吾尔族具有悠久历史，在漫长的历史进程中，维吾尔族的命运同祖国的命运紧紧联系在一起，并与其他各族人民一起，为创造中华民族的伟大历史，为缔造多民族国家，为中华民族的灿烂文化，为保卫和建设边疆做出了不可磨灭的贡献。

族源与族称

族源

维吾尔族是一个历史悠久的民族。关于维吾尔人祖先的活动区域问题,史学家有不同的看法:有的史学家认为维吾尔人的祖先曾生活于漠北草原。7世纪中叶,维吾尔先民在漠北创建回鹘汗国,历时100多年。9世纪中叶,漠北发生严重自然灾害的同时,黠戛斯人迅速崛起,回鹘汗国消亡。840年,维吾尔先民被迫西迁。维吾尔先民迁至河西走廊、天山南北和葱岭东西。但也有史学家认为,维吾尔人的祖先很早就生活在阿尔泰山、天山南北等地。

关于维吾尔族的族源问题,学术界长期争论不休,难达共识,特别是新时期以来,成为民族史研究的热点之一。维吾尔族的族源,有人认为是匈奴,有人认为是"丁零"(铁勒),有人认为是"乌护",有人认为是"回纥"(回鹘),有人认为是西域土著居民。近十几年来,"丁零"说逐渐占优势。大部分学者认为维吾尔族的族源:一方面,可追溯到公元前3世纪到公元3世纪活动在漠北草原和天山北麓的"丁零"和"乌护";另一方面,还可上溯到定居在吐鲁番盆地和塔里木盆地周围的一部分古代农业民族。另外,在维吾尔族形成的过程中,融入了少量的蒙古人、古羌人和迁至吐鲁番等地的汉族人。很多史学家认为,维吾尔人的祖先融合了曾经生活在昆仑山脚下的古羌人而形成了维吾尔族中的"刀郎人";还有人认为,留在叶尔羌河流域的塞种人后裔也构成维吾尔人先民的一支。

族称

"维吾尔"是"uyghur"一词的汉语音译,也是民族自称。维吾尔族历史悠久,在不同历史时期,汉文史籍对其称呼有不同的译写。北魏时称"袁纥",隋代称"韦纥",唐宋时期称"回纥""回鹘",元明时称"畏兀儿",清朝时称"回部""缠

天山脚下的民族

回",民国时期一般沿用"缠回"一称,1934年8月后逐渐称为"维吾尔"。

古称"维吾尔"为"袁纥""韦纥""乌护""乌纥""回纥""回鹘""畏兀儿",都是由"uyghur"或与"uyghur"同源的一个字转来的,它的意思是"联合""协助"或"归依者"。

历史追忆

维吾尔族的族源,可以追溯到公元前3世纪游牧于我国北方和西北贝加尔湖以南、额尔齐斯河和巴尔喀什湖之间的"丁零"("丁灵""丁令")。

公元前3世纪,"丁零"生活在山地森林和蒙古草原的北部边缘,以狩猎和畜牧为生,相继受草原上的匈奴、鲜卑和柔然汗国的奴役。4世纪以后,"丁零"又被称为"铁勒""铁历""赤勒"或"敕勒",分布于西起伏尔加河,东至兴安岭的东西万余里的欧亚北方大草原上。由于他们使用的车轮高大,又被称为"高车"。活动于贝加尔湖一带的被称为"东部铁勒",其中的"袁

第一章 历史追忆 011

纥"部,在5世纪时成为"高车"诸部之首,也就是7世纪时"铁勒"诸部中的"韦纥"。

5世纪中叶,在准噶尔盆地东部出现了一个以"阿史那氏"为核心的"铁勒部落",被称为"突厥"。552年,"阿史那氏"建立了包括整个蒙古草原和准噶尔盆地的突厥汗国,使其他一些"铁勒部落"成为它的属部。突厥贵族残酷的统治激起了各"铁勒部落"的反抗。为了与突厥贵族相抗衡,"韦纥""仆固""同罗""拔野古"等"东部铁勒"中较大的九个部落结成地域性的"回纥部落联盟",被称为"九姓铁勒",简称"九姓"。

统一"九姓铁勒"各部的第一代可汗是骨力裴罗。744年,以骨力裴罗为领袖的"回纥联盟"在唐朝大军的配合下,推翻了突厥汗国,并建立起漠北回纥汗国。回纥汗国的疆域包括贝加尔湖以南,阴山以北,兴安岭以西和阿尔泰山以东的蒙古草原地区。诸部落原有的名称从此基本消失,统称"回纥"。就在这一年,骨力裴罗被唐朝册封为"怀仁可汗",回纥汗国成为唐朝的属国。此后,历代可汗都接受唐朝的册封。"回纥"与唐朝一直保持友好和从属关系,并两次出兵助唐朝平定安史之乱。788年,回纥可汗顿莫贺上书唐朝,取"回旋轻捷如鹘"之意,改"回纥"为"回鹘"。

知识链接 **庞特勤** 840年,黠戛斯发兵10万,击灭回鹘汗国,杀死㕎罗勿可汗,回鹘部众四散奔逃。逃散的回鹘部众,靠近可汗牙帐的十三部,以特勒乌介为可汗,南下投奔唐朝,后又投奔幽州,依附室韦。室韦把这一部分回鹘分为7个部分,交7姓室韦分别统领。10世纪中,黠戛斯又发兵7万攻败室韦,这一次回鹘再次被击散。回鹘的主体在庞特勤等人的率领下西奔葛逻禄,一支投吐蕃,一支投安西。

9世纪中叶,回鹘为黠戛斯所败。回鹘诸部纷纷离散,有的被黠戛斯所俘,有的南迁至内地,但大部分迁到西域,进入安西都护府辖地和于阗以西的地方。还有一些到达甘肃西部,投奔了吐蕃(今和田、敦煌之间)。

西迁的回鹘,一部分进入天山东部地区。866年,居住在北庭和吐鲁番一带的回鹘首领仆固俊自北庭出击,大败吐蕃大将尚恐热,夺取西州、北庭、轮台等要地。从此,回鹘人以高昌为中心建立了"高昌回鹘王国",其势力范围东起哈密,西及阿克苏,北至伊犁河,南接吐蕃。

◀ 大漠美景

西迁的回鹘,还有一支进入中亚草原地区。10世纪中叶,回鹘联合葛逻禄、样磨等部建立了强大的"喀喇汗王朝"。起初,建都城于八拉沙衮城(今巴尔喀什湖南吹河源西南),后来迁都喀什噶尔。强盛之时,其辖境包括今新疆地区的疏勒、莎车、于田、和田等地。到11世纪初,玉素甫·喀迪尔汗将于阗的李氏王朝灭亡,把伊斯兰教传到今日的和田地区。喀喇汗王朝统治时期,在促进当地各族经济发展、提倡游牧的突厥部落定居和传播伊斯兰教方面,起了重要作用。

12世纪初,部分契丹人在耶律大石的率领下,从东北西迁至中亚,先后征服了喀喇汗王朝和高昌回鹘王国,建立了契丹人的政权,史称"西辽"。西辽统治者对回鹘百姓的政治压迫和经济掠夺非常严重。西辽末期,蒙古强盛。高昌王决定依靠蒙古汗国来摆脱西辽统治。他们设计除掉了西辽派来的少监,并宣布脱离西辽,归顺成吉思汗。高昌回鹘王国成为蒙古汗国的属国。

成吉思汗的次子察合台在封地上建立了察合台汗国,1320年分裂为东、西两部分。1514年夏,东察合台汗国阿黑麻汗的三子赛义德定都叶尔羌,称叶尔羌汗国。其疆域东起哈密,西至帕米尔高原,南界西藏,北接天山。在它最强盛时,除了天山南部地区外,还将巴尔喀什湖以东以南地区、伊塞克湖地区、费尔干纳盆地以及巴达克山和瓦罕地区都纳入了自己的统治范围。赛义德汗以伊斯兰教为旗帜,统一了整个塔里木盆地。

▲ 塔里木河

西迁后定居西域的回鹘，既融合了分布在天山以北和西部草原游牧的突厥语各部，又融合了两汉以来移居这里的汉人，他们同原来就居住在南疆广大地区操焉耆、龟兹、于阗语的人民以及后迁来的吐蕃人、契丹人、蒙古人等长期相处，繁衍发展，到16世纪初形成维吾尔族。这一时期是维吾尔民族形成的重要时期。

9世纪—12世纪，回鹘社会经济和文化迅速发展。游牧的畜牧业逐渐转向定居的农业。回鹘地区与内地的商业贸易空前繁荣，通过"互市"将马匹、玉器、乳香、药材等大量运往内地，换回铁器、茶叶、丝绢和钱币。封建制度进一步确立，形成了以回鹘可汗和各级伯克（官吏）组成的农牧主阶级。兼有汉族和西域特点的回鹘文化高度发展，表现在使用回鹘、汉、梵、萃利、婆罗米等多种文字和历算、绘画等方面。这个时期，新疆地区形成了维吾尔两大文化和文学中心，即北部的吐鲁番（包括天山以北的别失八里）和南部的喀什。这个时期产生的大量文献，包括行政公文、文学创作、宗教典籍和民间契约等，是研究维吾尔族历史和语言文化的重要材料。

蒙古兴起后，今新疆大部分地区属察合台汗国领地。在大批汉族人民迁移到天山南北屯田的同时，还有许多维吾尔族人

◀ 天山

> **知识链接**
>
> **贯云石**（1286—1324） 元代散曲作家、著名诗人、散文作家。畏兀儿人，精通汉文。出身高昌回鹘，祖父阿里海涯为元朝开国大将。原名小云石海涯，因父名贯只哥，即以贯为姓。初因父荫袭为两淮万户府达鲁花赤，让爵于弟，北上从姚燧学。仁宗时拜翰林侍读学士、中奉大夫，知制诰同修国史。不久称疾辞官，隐于杭州一带，改名"易服"，在钱塘卖药为生，自号"芦花道人"。今人将他的散曲与自号"甜斋"的徐再思的散曲合为一编，世称《酸甜乐府》。
>
> 贯云石做过翰林学士，深受汉族的思想与文学的影响，爱慕江南风物，憧憬恬静闲适的生活，后辞官不做，隐居江南，改名"易服"。他善作散曲，在唱曲方面也很有研究。据传他所创的曲调，传给浙江澉浦杨氏，后称为"海盐腔"，流传至明代，为"昆腔"的先驱。海盐腔是南曲中的一个流派，当时形成于钱塘江附近的海盐地区。贯云石长期生活在钱塘江一带的民间，他对海盐腔发展的贡献，就在于他善于取之于民间，经过他的"去粗取精"加工提炼，使之提高一步，然后再还之于民间。据说海盐腔的影响在我们今天看到的昆曲，甚至京戏里，还依然可见。所以，贯云石对于中国文化艺术事业的发展，特别是对于文学戏曲的发展，有过杰出贡献。

进入内地，除了手工业工匠之外，还有不少知识分子，其中就有今湖南桃源县的维吾尔族和回族的祖先。维吾尔族对元代的政治、经济、军事和文化都有重大的影响。当时，许多维吾尔族人入仕元朝，他们接受汉族先进文化，出现了不少优秀的政治家、军事家、文学家、史学家和翻译家。最早的蒙古文就是塔塔统阿采用回鹘文字母创制的；廉希宪、桑哥、阿里海涯、燕只不花、脱烈海牙等在元朝中央和地方政府中担任过中书平章政事、尚书右宰相和平章政事、宣慰使等重要职务；流传于明代的散曲"海盐腔"是著名的维吾尔文学家贯云石的创作之一；沙剌班、廉惠山海牙参加了《金史》《辽史》和宋英宗、显宗《实录》的修纂。杰出的农学家鲁明善著有《农桑衣食撮要》。《资治通鉴》《本草》《贞观政要》等书，也在当时译成了回鹘文。

清代新疆

　　从14世纪末到16世纪末，东起哈密、南至和田的广大地区，经过200多年的分散割据，才逐步统一成封建割据的喀什噶尔汗国，因迁都叶尔羌，又称叶尔羌汗国，统治者仍是察合台后裔。清初，叶尔羌汗国与清朝建立了朝贡和通商关系，维吾尔族和内地各族人民之间的往来继明代时疏时密之后又趋于正常化。由于代表不同地方封建集团的伊斯兰教"黑山""白山"两个教派争权，1678年北疆准噶尔汗国的噶尔丹汗在维吾尔人伊斯兰教白山派（依禅派）首领阿帕克和卓的引导下，率领准噶尔军队南下，消灭了叶尔羌汗国，并建立了以阿帕克和卓为"帕夏"（皇帝）的政教合一的农奴制傀儡政权，对南疆实行残酷统治和任意掠夺。阿帕克和卓及其后人，为了保住自己的统治地位，相继依靠准噶尔部蒙古人和中亚的外来侵略者，不断在南疆制造分裂和暴乱，给维吾尔族人民造成了巨大的灾难。1757年，清朝平定了准噶尔贵族的叛乱。1759年，粉碎了阿帕克和卓的后人大和卓波罗尼都和小和卓霍集占在南疆的反清叛乱，剿灭了所谓独立的"巴图尔汗国"。这一系列措施在客观上起到了安定新疆局势、有

《收复喀什噶尔之战》局部

利于民族发展的作用。

　　清政府为加强对新疆的管辖,在新疆实行军政合一的军府制度。1762年,设"总督伊犁等处将军"作为西域最高的军事行政长官,统治南疆、北疆,统辖归附于清朝的中亚和哈萨克、布鲁特（柯尔克孜）各部。在地方行政制度方面分别采用州县制、札萨克制和伯克制。喀什噶尔参赞大臣总理维吾尔族聚居的南疆8城（喀什噶尔、英吉沙、叶尔羌、和田、阿克苏、乌什、库车、喀喇沙尔）。这些地区的长官阿奇木伯克,总管各种事务。另外,还有管理地亩、粮赋、司法、水利、治安、商业和宗教的伯克。伯克们受到清政府的优遇,授予品级、田地、养廉银和种地人户（农奴）,有军功者还可豁免田赋、差役。由于朝廷任免的各级伯克代替了原来的世袭伯克,在一定程度上削弱了封建地方势力,促进了封建农奴制的解体。此外,清政府还采取了兴办屯垦、举办商业、降低税率等一系列措施,在客观上对维吾尔族社会的发展起到了一定的促进作用。

　　18世纪中叶以后,新疆完全处于清政府的直接统治之下,但各族人民艰难困苦的生活处境并没有得到根本改变。封建统治阶级日益沉重的阶级压迫和残酷剥削,最终使广大维吾尔族人民忍无可忍,纷纷奋起反抗。1765年,新疆爆发了乌什起义,这是维吾尔族人民第一次大规模的武装反封建斗争。在赖黑木图拉、额色木图拉父子的领导下,起义群众杀死阿奇木伯克及乌什办事大臣。起义者坚守阵地,连妇女、儿童也投入战斗,他们屡败清军,坚持半年之久。

在阶级矛盾日益尖锐的情况下,维吾尔族封建主为维护其统治、达到摆脱清政府羁绊的目的,不断煽动民族主义情绪,利用教派斗争缓和阶级矛盾。从1820年到1828年,受英国唆使,南疆维吾尔族反动封建主的代表、大和卓之孙张格尔,以宗教旗帜为掩护,由英国提供武器和直接指挥策划,多次侵扰南疆,未能得逞。此后的二三十年间,张格尔的子侄自称和卓,继续骚扰南疆,涂炭生灵,使广大维吾尔族人民深受其害。他们的反动行径不但得不到人民的支持,反而激起了各族人民的反抗,以失败告终。

《生擒张格尔》局部

鸦片战争爆发后不久,在太平天国、捻军和云南、陕西、甘肃各族农民武装起义的影响下,新疆于1864年爆发了反清民族大起义,迅猛的反清风暴席卷天山南北,震撼了清朝在新疆的统治。此间,在南疆和北疆先后出现了几个互不统属的割据政权:以库车为中心的热西丁汗和卓、以乌鲁木齐为中心的妥明(回族)、以和田为中心的哈比布拉汗(维吾尔族)、以喀什为中心的金相印(回族)与思的克伯克(柯尔克孜族),以伊犁为中心的塔兰其苏丹(维吾尔族)。但是,"民族""宗教"的旗号转移了群众斗争的目标,以致维吾尔族和新疆各族人民用鲜血换来的胜利果实,最终总是被一小撮民族和宗教上层所篡夺。封建割据政权的头目们称王、称汗,对劳动人民进行更加残酷野蛮的封建统治。他们相互火并，给新疆各族人民带来了更大的灾难。

1865年，喀什噶尔封建主金相印和思的克伯克，利用维吾尔等各族人民在疏附的起义，企图以拥护"圣裔"号召群众，从浩罕将张格尔之子布素鲁克迎来喀什。英国扶持的浩罕国军官阿古柏，趁机入侵新疆，建立了"哲德沙尔汗国"（七城汗国），占领了南疆和北疆的乌鲁木齐、玛纳斯等地，对新疆各族人民施行中世纪伊斯兰教汗国野蛮、暴戾的统治，维吾尔族人民与各族人民遭受了前所未有的浩劫。

在阿古柏入侵南疆之际，沙俄为了维护其在中亚的既得利益，与英国保持势力均衡，加紧和阿古柏勾结，背着清政府暗地与阿古柏签订了非法的通商条约。1871年，沙俄借口"中国西部各省的暴动"，俄国"绝无坐视之理"，悍然以"代收代守"为名出兵，侵占伊犁。沙俄侵略者在伊犁地区进行了长达十年的殖民统治，对新疆各族人民实行"分而治之"的政策，其间所犯罪行，罄竹难书。在阿古柏和沙俄的血腥统治下，维吾尔族和新疆各族人民面临着深重的民族危机。

彻底摧毁阿古柏政权、收复伊犁是新疆和我国各族人民的共同利益和愿望。在维吾尔族和新疆各族人民的支持和协助下，1877年清军取得了讨伐阿古柏的胜利。1881年，中俄两国签订《伊犁条约》。中国虽然收复了伊犁，却失去霍尔果斯河以西7万多平方公里之地，赔款900万卢布。在此之前，沙俄通过1860年的《中俄北京条约》和1864年的《中俄勘分西北界约记》两个不

签订《北京条约》

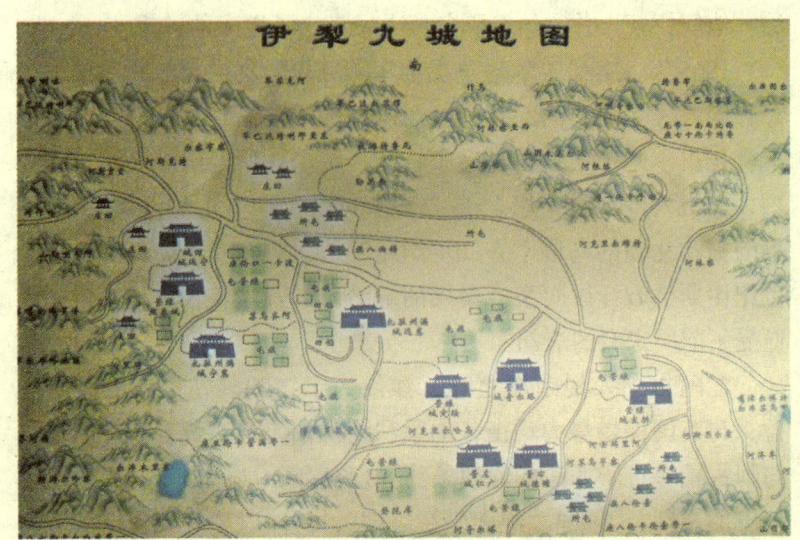

伊犁九城地图

平等条约，已经强割中国西北地区44万多平方公里的土地。不仅如此，沙俄还在不得不交还伊犁时继续作恶，用武力劫走当地维吾尔、回、蒙古、哈萨克、柯尔克孜等族10万人之多。与此同时，侵略军肆意破坏农田、水渠、房屋、果园，抢劫粮食、牲畜。伊犁九城有五城几成废墟，有三城只剩下颓垣瓦砾一片。伊犁河右岸九个乡的维吾尔族人民，所有财物也被洗劫殆尽。

1884年，清政府将原伊犁将军所辖西域之地建为行省，名为新疆。清政府这一措施，对于巩固西北边疆、防御外国侵略、开发和建设新疆都有十分重要的意义。维吾尔族和新疆各族人民在外国侵略者和本族封建统治阶级造成的战争灾难中，深感分裂祖国、破坏民族团结的危害。建省以后，新疆与内地的关系更加密切，维吾尔族和新疆各族人民在反帝反封建的斗争中也愈益团结一致。

伊犁将军府内景

1911—1949年

辛亥革命以后,新疆先后处在杨增新、金树仁、盛世才的统治之下。1933年,英国策动泛突厥主义分子穆罕默德·伊敏和沙比提大毛拉等人在喀什建立"东突厥斯坦伊斯兰共和国"。1937年,日本帝国主义支持马木提、尧乐博斯组织所谓"独立"的伊斯兰教国家,马木提又勾结马虎山共同叛乱。这一系列罪恶活动,都遭到维吾尔族和新疆各族人民的坚决反击,帝国主义的分裂阴谋始终未能得逞。

1933年"四一二"政变后,盛世才攫取了统治新疆的大权。此时,正值我国民族危亡的关键时刻,中国共产党开始了在新疆的革命活动,领导新疆各族人民为争取实现和平民主进步而斗争。1935年,经过中国共产党的努力和各族人民的强烈要求,盛世才采取一些进步措施,提出了"反帝、亲苏、民族平等、清廉、和平、建设"六大政策。同年,我党领导各族人民组织成立了群众性的反帝斗争组织"新疆民众反帝联合会",出版了刊物《反帝战线》。1937年,北上抗日的中国工农红军西路军的一部分进入新疆。接着,党中央、毛泽东主席先后派遣陈潭秋、毛泽民、林基路等同志到新疆,根据中国共产党的《抗日救国十大纲领》积极开展工作。在新疆工作的共产党员,克服重重困难,贯彻执行党的方针政策,在新疆传播马列主义,毛泽东的著作《论持久战》和《新民主主义论》在新疆出版。随着党在新疆地区工作的开展,维吾尔族和新疆各族人民学到了革命的真理,人民的生活有了一定程度的改善。1942年,盛世才公开投靠了国民党,反苏、反共,新疆的共产党员、进步人士、爱国青年和无辜的劳动人民遭到残酷的迫害。陈潭秋、毛泽民、林基路等大批共产党员、进步人士被投入监狱并被秘密杀害,革命先辈为党的事业和新疆各族人民的利益献出了宝贵的生命。

1944年8月,盛世才下台,国民党开始直接统治新疆。国民党在政治上实行高压政策,进驻新疆的军队人数骤增至10万。推行"保甲制度",建立"自卫团",以镇压各族人民。维吾尔族地区原有的"伯克",在辛亥革命以后虽已废除,但许多"伯克"有钱有势,横行地方。维吾尔族地区一般每县都有5个喀孜阿訇(大阿訇),掌管当地宗教事务。封建豪绅与宗教上层密切勾结,操纵基层政权。在维吾尔族聚居的城乡,宗教法庭是执法机关,权限较大。劳动人民蒙冤受屈,重则惨遭鞭笞、断肢、油烹、活埋等酷刑,轻则脸抹黑灰、倒骑毛驴游街示众。教权与政权的结合从生活上、精神上奴役着维吾尔族人民。

国民党统治新疆期间,苛捐杂税达数十种之多,农民每年仅交纳的土地税一项就占全年收入的15%以上。各族人民平均纳税金额比1937年增加了7倍。经过中国共产党人十年努力而开始发展起来的工商业,几乎摧残殆尽。

三区革命勋章

1944年,在伊犁、塔城、阿勒泰三个地区爆发了反对国民党反动统治的斗争(解放后统称"三区革命")。在中国共产党的影响下,三区革命领导人艾合买提江·哈斯木、阿巴索夫等,对麦斯武德、穆罕默德·伊敏、艾沙、乌斯满及其他民族分裂主义分子进行了坚决的斗争,纠正了革命初期的严重缺点和错误,有力地打击了国民党在新疆的统治,对促成新疆的和平解放起了一定的作用。

1949年9月,中国人民解放战争和人民革命已在全国取得决定性胜利,中国人民解放军已经迫近新疆地区。9月25日,新疆国民党驻军在警备司令陶峙岳的率领下,通电起义。9月26日,以包尔汉为首的新疆省政府也宣布起义。新疆通过和平的方式获得解放,维吾尔族和新疆各族人民的历史揭开了新的一页。

社会制度

维吾尔族社会制度,在不同历史时期有多种不同的组织形式。《旧唐书·回纥传》记载,回纥最初称其首领为"俟斤""颉利发"。后来，吐迷度自称可汗，内外宰相和其他各级官吏，一般从俟斤、颉利发和可汗的家族和血缘亲近的氏族部落中挑选任命。由骨力裴罗缔造的回纥汗国是以"内九族"（九姓回纥）为核心，再加上"外九族"而构成的。"内九族"中的"药罗葛氏"为王族集团，可汗常从药罗葛氏里产生。外九族原为联合回纥反对突厥的一个部落联合体。795年，汗位从"药罗葛氏"转到"阿跌氏"手中。

在高昌回鹘王国时期，最高统治者称为"亦都护"，其权力是专制和世袭的，他是王国的最高立法者和执行者，亦都护委任九宰相、都督、司法官和各级伯克对国家事务和地方行政进行管理。

喀喇汗王朝的政治制度从多方面继续了原回鹘、样磨、葛逻禄、乌古斯等突厥语部族的传统，同时也深受伊斯兰国家尤其是萨曼王朝社会制度的影响。最初，喀喇汗王朝实行"双王制"，即大可汗和副可汗，大可汗称"阿尔斯兰汗"，驻于八拉沙衮，副可汗称为"卡迪尔汗"，先驻于怛逻斯，后迁至喀什噶尔。后来，喀喇汗王朝的最高统治集团还使用过"布格拉汗""桃花石汗"等称号。王朝的中央和地方官吏有宰相、传令大臣、宫廷大臣、将军、财务大臣、内侍大臣、叶护、伯克等。

叶尔羌汗国实行分封制，每位汗登基后的首要工作就是分封近亲和功臣。受封者是封地的总督，封地不能世袭，但是当某个总督的势力发展到足以与汗抗衡时，封地便成为世袭了。汗国的官制较为复杂，汗廷的最高行政官是宰相，地方官主要由汗廷委派的行政官员担任。叶尔羌汗国时期，宗教势力——和卓是不可忽视的力量，在汗国后期他们把持和操纵着政权。

清朝前期，在新疆实行军府制，并在维吾尔聚居区采取了许多新的政策，其中最主要的就是改革了"伯克制"，即分散"阿奇木伯克"的权力，废除世袭制为任命制，并规定伯克的养廉、俸禄办法，尽量限制伯克无端搜刮百姓，但是伯克仍旧是独霸一方的封建领主。

1884年，清朝政府在新疆建省，废除了伯克制度，削弱了地方封建割据势力，实现了新疆与其他各省行政制度的一致，实行更为直接的统治。

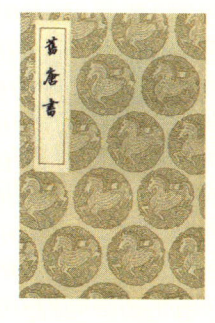

《旧唐书》书影

辛亥革命后，新疆进入了军阀统治时期。杨增新、金树仁政府基本上承袭了清朝末年的制度，保留了封建王公制。盛世才统治前期，为了稳定局势，争取民心，巩固统治，制定并执行"六大政策"，这在客观上稳定了新疆的政治局势。随着时间的推移，盛世才暴露他军阀本性，彻底投靠国民党蒋介石，新疆完全处于国民党中央政府的直接统治之下。

1949年9月，新疆和平解放。党中央立即在新疆设立中共中央新疆分局，并相继在新疆建立了各级党的领导机关。1949年12月17日，在党的领导下，由新疆各族各界代表联合组成的省人民政府宣告成立，包尔汉任人民政府主席。省人民政府彻底废除了反动统治者执行的民族压迫政策，保证了各民族一律平等和各族人民当家做主的权利，并在全疆开始土地改革运动。

胡杨林 ▶

1953年12月22日，经中央人民政府批准的《新疆省民族区域自治实施办法》正式发布。在新疆先后成立了巴里坤哈萨克自治县、木垒哈萨克自治县、焉耆回族自治县、察布查尔锡伯自治县、和布克赛尔蒙古自治县、昌吉回族自治州、巴音郭楞蒙古自治州、博尔塔拉蒙古自治州、伊犁哈萨克自治州。1955年10月1日，新疆维吾尔自治区正式成立，首府设在乌鲁木齐。民族区域自治的实施，进一步实现了维吾尔族和新疆各族人民当家做主的愿望，大大提高了各族人民的积极性。新疆维吾尔自治区人民代表大会及其常委会根据民族区域自治法赋予的权力和新疆的实际，制定了适应新疆特点和需要的各种法规和决议。

民族区域自治

新疆维吾尔自治区创建历程

1949年10月12日，经中共中央批准，中共中央新疆分局成立。1951年3月，中央《关于民族区域自治试行条例（草案）》由中共西北局民委下达征询意见大纲，为了全面了解各方面意见，新疆分局成立专门工作组在各族各界中组织座谈和讨论，广泛听取各方面人士对推行民族区域自治的意见和建议，并不断协商，以促进各方面人士在思想上达成共识。

通过一系列座谈和讨论，新疆分局了解到，由于长期遭受反动统治者的民族压迫，各族干部和群众对党的民族政策是非常拥护和支持的，对实现民族平等的要求是很强烈的。但在如何实现这一要求的问题上，个别人有一些偏激甚至是错误的主张。

1951年4月13—19日，新疆分局扩大会议召开，与会者特别是少数民族干部运用马克思主义民族观交换思想观点，剖析错误主张的危害，从而放弃了错误主张，初步达成在维护中华人民共和国领土完整、国家主权前提下，新疆各民族区域自治的思想共识，这些思想共识保证了新疆民族区域自治酝酿工作得以顺利进行。

库车大寺

扩大会议召开后，新疆分局加强了各族党员干部学习党的民族理论和民族政策的教育，各族党员干部对实行民族区域自治的思想认识日益提高，这为推行民族区域自治打下了牢固的思想基础。减租反霸斗争、土改试点工作在全疆各地深入开展，从政治、经济上削弱了封建势力，发展了生产，改善了各族群众生活，提高了党和政府的威信，为实行民族区域自治奠定了坚实的群众基础。革命和建设实践培养了一大批出身贫苦的本地民族干部，为实行民族区域自治准备好了必不可少的干部条件。剿匪和镇压反革命的胜利完成，巩固了各级政权组织，安定了社会秩序，为实行民族区域自治创造了一个良好的社会环境。

中央人民政府在1950年7月到1952年底，分别派出西南、西北、中南、东北4个访问慰问团,有关地方各级政府也派出了类似性质的访问团、慰问团、工作团。这些访问团、慰问团到民族地区进行访问,加强各民族间的交流沟通,增进了民族团结。1950年8月29日,中央西北民族访问团一行50多人赴新疆、甘肃、宁夏、青海等省访问,历时3个月。其间,于9月到南北疆视察慰问,这些视察慰问进一步提升了党在各族群众中的威望,扩大了党在各族群众中的感召力。新疆分局还根据中央民委要求,对新疆各民族的政治、经济、文化、教育和阶级、历史等情况开展全面调查研究,成立调查研究室,重点对新疆各民族的阶级关系、社会经济、人口分布等情况进行深入调查,并将调查报告汇编成《南疆农村社会》一书。这些调研成果为民族区域自治的推进奠定了坚实的群众基础和实践依据。

高昌古城 ▶

自下而上积极稳妥地推进各级民族区域自治机关的成立。经过近3年的筹备,中共中央西北局和新疆分局于1953年底正式启动各级民族区域自治政权的建设工作。此项工作先后经历了3个阶段,第一阶段于1954年7月完成,主要是建立乡、区两级自治政权,分别在昭苏县、莎车县、叶城县、皮山县、特克斯县、阿勒泰县建立了柯尔克孜、塔吉克、蒙古3个民族的7个乡级民族自治区;在伊宁县、和硕县、特克斯县、昭苏县、塔城市、额敏县建立了回、柯尔克孜、蒙古、达斡尔4个民族的6个区级民族自治区。第二阶段于1954年9月完成,主要是建立县级自治政权,相继建立了焉耆回族自治区(县级)、察布查尔锡伯族自治区(县级)、木垒哈萨克族自治区(县级)、和布克赛尔蒙古自治区(县级)、塔什库尔干塔吉克族自治县、巴里坤哈萨克族自治县等6个县级民族自治区。同期还建立了巴音郭楞蒙古族自治州、克孜勒苏柯尔克孜族自治州、昌吉回族自治区、博尔塔拉蒙古族自治州等4个专署级民族自治区。第三阶段于1954年底完成,主要是建立相当于行署级的民族自治区。1954年11月,伊犁哈萨克族自治州成立。至此，新疆省级以下民族自治地方建立工作全部完成。1955年9月20—30日，新疆省第一届人民代表大会第二次会议举行。会议选举产生了新疆维吾尔自治区人民委员会，赛福鼎·艾则孜为主席，高锦纯、买买提明·伊敏诺夫、帕提汗·苏古尔巴也夫为副主席。同年10月1日，新疆维吾尔自治区宣告成立，新疆建立民族区域自治各项任务圆满完成。

新疆维吾尔自治区名称的来历

1954年7月31日，关于新疆建立省级自治区的问题，中共中央新疆分局召开了专门座谈会，就新疆省级自治区名称问题征求意见。

◀ 克孜尔尕哈烽燧

1955年2月28日，新疆分局致电中央，建议：关于新疆实行民族区域自治的名称，经过长时间的酝酿，大部分少数民族的高级干部要求称"新疆维吾尔自治区"。同年4月16日中央复电新疆分局：关于新疆实行民族区域自治的名称问题，中央同意你们所提意见，称作"新疆维吾尔自治区"。

1955年9月13日，全国人大常委会第二十一次会议通过了《关于成立新疆维吾尔自治区，撤销新疆省的决议》。1955年10月1日，新疆维吾尔自治区正式成立，揭开了新疆历史的新篇章。

第二章
物质文化

　　维吾尔族是一个勇敢而勤劳的民族，他们用自己的双手，创造出了独具特色而丰富多彩的物质文明。维吾尔族从传统的打猎和畜牧业为主的生产方式，逐渐转变为现代的以农业为主，园艺业、手工业、商业为辅的生产方式。他们利用地域的特殊性从事农业生产，并积累了丰富的经验，对社会经济的发展起了重要的作用。

生产习俗

维吾尔族主要种植小麦、玉米、谷子、高粱、水稻、豆类、棉花、青稞、芝麻、油籽等农作物。同时还根据地形特点,气候、水土等的不同种植蔬菜和瓜果,如吐鲁番的葡萄,伽师、麦盖提和哈密的甜瓜,库车的杏子,喀什的石榴,阿图什的无花果,和田的核桃、蜜桃,库尔勒的香梨,伊犁和阿克苏的苹果,哈密、和田等地的大枣,英吉沙的巴旦木等。南疆部分地区的农民种桑养蚕,很早就形成并发展了蚕桑业。

农业

农具 维吾尔族从事农业生产使用的工具有犁、木杈、耙、木锨、镰刀、坎土曼、抬耙子、编制筐、铁或石头棍、锄、筛子、斧、口袋。

小麦种植与收割 维吾尔族使用传统方法来种植,把土地推平、施肥、浇水、翻地,等地晒到一定程度之后,重新施肥和播种。小麦长出来以后,给小麦松土,清除地里的杂物。麦苗长到10厘米~15厘米时,维吾尔族习惯用房屋后的旧土来进行土壤调整。如耕地干旱时再漫灌一次。

> **知识链接** **旧土** 用麦草和泥土等有机物质混合而成,用旧土来给小麦施肥,一方面可以增加小麦的养分,另一方面也可以调节土壤成分,将长出来的野草锄掉。

维吾尔人一般7月底到8月初收割麦子,这时各家用镰刀割麦子,再一捆一捆绑起来,然后运到麦场。麦场正中事先插一根长2米~3米的木桩,这是用来测风向的。麦场中的木桩同时也是财富的标志,一粒粒麦子是维吾尔族农民一年辛苦劳动的结晶,自然,麦场也就被维吾尔族认为是幸福的场所。打麦子时,一般由一个人专门负责赶着牲畜(马、驴、牛)围着木桩转,另一个人专门负责翻麦草,把没压过的麦草扔到牲畜脚下,通过这种方法,麦子就会掉到麦草底下,再通过木锨朝着风一扬,就可以把麦子和麦草分离开来。

玉米 收割完小麦后，种玉米。玉米耕作方法与小麦大体相同，只不过是玉米地放水次数多一些。由于早上种的种子和晚上种的种子的成熟期相差很大，因而种植玉米的时间非常紧张，而且非常关键。锄草、浇水也要根据时间而定，玉米成熟以后，剥掉皮，晒干后用木棍敲打，把玉米粒和玉米棒分开。等收拾完粮食作物之后，对于帮助过他们的人，要用丰收的果实来感谢他们。收拾完玉米之后，可以种植别的农作物，也可以放牧。

> **知识链接** 民间还有一个习俗，丰收后，根据伊斯兰教的规定还要给清真寺及伊玛目和阿訇一些粮食。

棉花 棉花是维吾尔族传统的经济作物，用传统方法播种时，先用砍土曼控土成行，然后撒下种子和肥料，并在上面盖上一层土，用木耱平地，平地过后，用水灌棉田。过20余天开始耕苗，每间隔一手掌选留良苗一株，在耕第二次苗时留下的苗间隔一尺左右。过15天~20天浇第一次水，以后按规定时间陆续放水浇地，除草至六七次即可摘棉。

蔬菜 维吾尔族种植的蔬菜种类很多，历史也很悠久。有专门从事蔬菜种植的农民，蔬菜一般都是用来零售批发，以增加自己的经济收入。一部分菜农根据市场的需求来种植夏季的蔬菜和秋季的蔬菜，以供应夏秋季节的蔬菜市场。种植的蔬菜种类有：胡萝卜、皮芽子（洋葱），卡玛古（蔓菁）、南瓜、水萝卜、白菜、辣椒、西红柿、黄瓜、青菜、卷心菜、青萝卜、香菜、土豆、茄子、大蒜、菠菜、韭菜、土豆、豆角、豇豆、各类豆子及芦荟等。居住在农村的维吾尔人在自家庭院内专门留出一块叫作"乌夏克里克"的小菜地，种一些夏季常用蔬菜，以满足日常需求。平常维吾尔族把冬菜存入地窖中，以备冬季使用。

维吾尔族民间有"没有果园就没有生命"的谚语。因此，几乎每户人家至少有一个果园。维吾尔族人民认为种树是件非常吉利的事

◀ 杏

◀ 苹果

◀ 大枣

情。维吾尔族居住的任何一个乡村或居民点都被茂密的树林围绕。可以看出,维吾尔族除了农业之外,园艺业占第二位。因此,新疆被称为"瓜果之乡"。

新疆的园艺业基本上集聚在维吾尔族居住稠密、人数众多的地方。新疆的瓜果以优良的品质、种类繁多而闻名于世。这里出产的水果品种多达100余种,最常见的有:杏子、桃子、葡萄、石榴、无花果、苹果、蜜梨、红枣、桑葚、酸李子、西洋李子、开心果、巴旦木、核桃、樱桃、喀什的阿月浑子等,每一种水果都有几个不同的品种。六七月是水果成熟的黄金季节。维吾尔族有一个传统习惯,到果园里去吃,从不要钱。维吾尔族非常喜欢甜瓜,甜瓜的种类和味道在全国居于首位。新疆的水果既多又甜,这与新疆独特的气候和环境有关。尤其是被称为"瓜果之乡"的南疆,气候干燥、日照时间长,早晚温差大,极其有利于种植水果。因此,一年当中有近7个月时间都能吃到新鲜水果。据统计,在中国每人每年吃葡萄、甜瓜、西瓜等瓜果最多的省区是新疆,人均年占有量为100多公斤。可见新疆是名副其实的瓜果产地及消费区。

桑葚 在新疆每年的五六月份是桑葚成熟的季节,维吾尔族人家的庭院和房前屋后都栽满桑树。新疆的桑树品种很多,而且到处可见,主要有大白桑、小白桑、大黑桑和一种叫作"阿提巴格里"的紫色品种及药桑等。桑葚含糖量高达26%以上,人们都非常爱吃。无论走进谁家,维吾尔人都会从树上摘下新鲜而甘甜的桑葚来招待客人。按维吾尔人的习惯,在乡村只要跟主人打个招呼,就可以随便吃,一般不外卖。但现在也有些水果商把它拉到大城市进行出售。

知识链接 摘桑葚很有趣，一般需要四五个人，其中一个人在树上摇，剩下4个人在树下接。接的工具被称为"夏迪夏甫"，是用长4米左右、宽3米的布，两头穿上木杆做成的。桑葚一天三熟，早中晚都有人去摘。若不及时摘，它会自己落地。

维吾尔人用桑葚做一种小吃称为"乌吉买哈里瓦"（甜糊糊）。其做法是先把桑葚洗净放在锅里和水一起熬，等它成桑糖时，撒些面粉，再熬一会儿就成了，这种小吃香甜可口。除此之外还可用桑汁熬成桑糖和桑葚果酱，还可将桑子晾干，晾干的桑子被称为"果沙里尕"，以备冬天食用。现在用桑葚加工而成的产品有白兰地、浓甜桑葚酒、桑葚果汁等。桑葚中含有维生素ABC、蛋白质、糖等多种成分，药用价值很高，用于治疗贫血、精神不振、失眠、健忘、性欲减退、便秘等症。

桑葚全身都是宝，叶子可以用来养蚕，桑木具有结实又容易成型的特点，是制作"都塔尔""热瓦甫"等乐器的理想材料，桑树的根系是提取天然染料的理想材料。过去维吾尔族日常生活中常用的木轮大车上的特大木轮以及家里常用的木制炊具也用桑木制作而成。在和田一带，用桑树皮制作纸张，这种手工艺历史悠久，许多维吾尔古代文献就是用和田桑皮纸书写保存的。

葡萄 维吾尔人自古以来非常喜爱葡萄，几乎每一个维吾尔族庭院里都可见到葡萄架。在中国，葡萄种植面积最大、产量最高、含糖量最高的地区是南疆地区及东疆的吐鲁番等地。新疆库车县，年平均晴天达180天、阴天44天，是中国年平均晴天最多的地方，因此充足的阳光使这一带的葡萄格外香甜。新疆出产的葡萄里面最佳品种是吐鲁番的无核白葡萄，皮薄、味道甜、产量高、熟得早，含糖量达20%～27%。尤其是用无核白葡萄制成的葡萄干可长期储存。

◀ 葡萄

晾葡萄干的房子叫荫房，吐鲁番人一般把这样的房子建在山

▲ 荫房

顶上或者地势较高的地方。这种房子很特别，四周墙壁上有无数个洞，能使空气很好地流通。房屋里见不着阳光，置很多的挂钩来挂葡萄。葡萄就是在这样的房子里被晾干的，一般只需40天~50天就可以完成。

> **知识链接** 提起葡萄，很多人都知道一个有关七个姑娘变成石头的传说。在这个传说中，七个姑娘变成石头前，把脖子上的串珠项链撒在了吐鲁番地区，从此这个地区就长出了葡萄。所以这里的红葡萄，像宝石一样闪亮，无核葡萄像珍珠一样美丽，每一串葡萄就像挂在姑娘脖子上的项链一样。这个美丽的传说自古以来代代相传，从一个侧面说明了吐鲁番地区种植葡萄的悠久历史。

养殖业

维吾尔族在养殖家畜方面具有悠久的历史，他们通过家庭养殖牲畜为农业生产、餐饮和商贸行业服务。维吾尔人主要养殖

◀ 牧羊

牛、羊、马、驴、毛牛、鸡、鸭、鸽等家畜家禽，因而他们很重视饲料的多样化，常用苜蓿、麸皮和其他的各类新鲜草料、玉米秆、棉籽、油渣、果树叶来喂养，为了使畜禽的肉质鲜美，一般在饲料中添加食盐和洋葱。鸡、鸭和鸽子，一般喂发酵了的玉米面。

发明创造

水磨坊 水磨坊是维吾尔人古代重要的发明之一。水磨坊促进了人们饮食的丰富，改善了人们物质生活的多样化。水磨坊在南疆地区已有上千年的历史，在漫长的历史长河中代代相传。祖先们利用大自然的恩赐和聪明的才智创造出了这种原始、简陋而实用的生产设施，维系着生存最基本的物质需求。

水磨坊一般建在水量充足的高处，按水量的大小分为一个磨盘到四个磨盘不等的磨坊。磨盘是从山上采来的石料加工而成的，一个磨盘重达200公斤～250公斤。磨盘上方各有一个上大下小、口朝上的喇叭形木斗，磨盘直径一米左右，上面的石磨盘轴心与木轮相连转动，下面的石磨盘则是固定不动的；木斗下端有一个小机关，有一根浮在磨盘上的木棍控制开启闭合，当需要加工的玉米或麦子倒入木斗后，小机关便随着磨盘的旋转震动，微微开启，玉米或麦粒顺着小机关的出口缓缓流入磨盘中心碗口大小的入口，面粉便从上下两个磨盘的间隙中溢出，主人不时把磨盘四周堆积的面粉集中起来，装入袋中。三个磨盘的水磨坊一天可磨制50多公斤面粉。

过去凡是有河流流经的村庄几乎都建有水磨坊，有的甚至专门挖渠引水修建水磨坊，拥有水磨坊就是拥有财富的象征。由于水磨坊磨制面粉的成本低而营养价值高，所以至今仍有不少农村保留着水磨坊。

坎儿井　坎儿井是吐鲁番、哈密等地人民智慧的结晶和独创的发明，生活在吐鲁番、哈密的人民依靠自己发明的坎儿井，把这个地区变成了丰饶的绿洲，闻名天下的"葡萄之乡"。因此，吐鲁番、哈密的人民把它称为"生命之源"。

坎儿井是一种连接了成百个从地下向地上引水的地下井的一种神奇的渠道，它非常适用于吐鲁番的地质构造。由于吐鲁番地区干旱酷热，蒸发量大，风季中风沙漫天，往往风过沙停，大量

坎儿井 ▶

的农田水渠被黄沙淹没。而坎儿井却是在地下筑渠输水，不受季节、风沙影响，蒸发量、水流量稳定，可以常年自流灌溉，所以坎儿井非常适合当地的需要。

坎儿井的结构由竖井、地下渠道、地面渠道和涝坝四部分组成，竖井的深度和井与井之间的距离，一般都是越向上游竖井越深，间距越长，约有30米～70米；越向下游竖井越浅，距离也越短，约在10米～20米。竖井是为了通风和挖掘、修理坎儿井时提土之用，地下渠道的出水口和地面上的居民区、农田连接，可以把几十米深的地下水引出。

新疆大约有坎儿井1 600多条，总长约5 000公里，分布于吐鲁番盆地、哈密盆地及南疆的皮山、库车和北疆的奇台、木垒、阜康等地。据统计，吐鲁番地区坎儿井有1 200多条，总长为3 000多公里，堪称地下水利工程的奇迹。如今在吐鲁番市建有坎儿井博物馆。2006年，"坎儿井地下水利工程"被国务院公布为全国重点文物保护单位，并被国家文物局列入《申报世界文化遗产预备名单》。

饮食习俗

9世纪下半叶以后，维吾尔族先民从蒙古高原北部经河西走廊迁徙到今天的新疆维吾尔自治区内。此后，维吾尔族的饮食从原来的以肉、乳为主转变为以谷物为主、以肉为辅。对他们来说，更大的是宗教上的变化。

日常主食副食

到13世纪为止，维吾尔族改信伊斯兰教，其饮食文化也加入到伊斯兰教饮食圈子中去了。维吾尔族的饮食文化中最有代表性的食品是烤羊肉串（维吾尔语称之为"喀瓦布"）。从西亚各地到乌鲁木齐的街头都能见到这种食品。

维吾尔族饮食文化中，至今仍保留着许多游牧民族特有的风俗。在一般情况下，大多数维吾尔族群众以面食为日常生活的主要食物，喜食肉类、乳类，蔬菜吃得较少，夏季多食瓜果。

制作羊肉串

烤羊肉串

过去,由于经济发展比较落后,大多数维吾尔族群众用的餐具主要为木制和陶制的碗、匙、盘等,但许多食物都爱用手抓食。一日三餐,早餐吃馕喝茶或"乌马什"(玉米面粥),中午为面类主食,晚饭是汤面或馕茶。吃饭时一家大小共席而坐,吃完饭,在拿走餐具前,由长者作"都瓦"(祷告),然后离席。

维吾尔族传统的副食肉类主要有羊肉、牛肉、鸡、鱼等,特别是吃羊肉比较多。另外,过去也经常能捕猎到一些野生动物,例如黄羊、鹿、盘羊、羚羊、石鸡、野鸡、鹌鹑、松鸡等,补充肉食的不足和改善一下口味。奶制品主要有牛奶、山羊奶、酸奶、奶皮子等;蔬菜主要有黄萝卜、恰玛古、洋葱、大蒜、南瓜、萝卜、西红柿、茄子、辣子、香菜、藿香、青豆、土豆等。

烤制食品

烤制食品是维吾尔族饮食习俗的一大特点,同时也为新疆其他民族所喜好。维吾尔族烤制食品的专用"馕坑",建造十分特别。一般是在房前选一块空地,用土坯和砖砌成口小肚子大的圆形炉膛，高约一米。炉膛的内壁，用黄土和泥，内加盐水和羊毛，抹二三厘米厚。烤制食品时，先用木柴或焦炭将炉膛烧热，取出明火，然后将需要烤制的食品，快速贴在炉壁上，加上封盖即可。

"馕坑"的用途很广，除烤制如肉馕、油馕、包子、帕尔木丁、芝麻馕、层层馕、疙瘩包子、比加可馕等面食外，还可烤制肉食，这些都是维吾尔族喜爱的食品。

◀ 烤馕

◀ 馕坑

四季瓜果

维吾尔族重视园林生产，绝大多数维吾尔族家庭都有自己的果园，因而有常年食用瓜果的习惯，果园成为生活在塔里木

◀ 库尔勒香梨

盆地周围绿洲上维吾尔族的天然维生素宝库。从5月份成熟的桑葚、6月份成熟的杏子开始，各种水果接连不断成熟，一年中有近7个月的时间能吃到新鲜水果。

冬季还常吃核桃、杏干、杏仁、葡萄干、沙枣、红枣、桃干等干果，因此，不少家庭有储存甜瓜、葡萄、苹果、梨等水果的良好习惯。据估计，维吾尔族家庭每年食用的干鲜瓜果可达一二百公斤。维吾尔族夏天常以瓜果代茶饭，以瓜果就馕吃，冬季常以核桃、杏仁、葡萄干等就馕吃。还喜欢用葡萄干、杏干等做抓饭，用葡萄、桑葚、苹果、海棠果、杏、梨、草莓、无花果、樱桃等做果酱。

饮品

维吾尔族传统的饮料主要有茶、奶子、酸奶、各种干果泡制的果汁、果子露、多嘎甫（冰酸奶，酸奶加冰块调匀制成，是维吾尔族最喜欢的饮料）、葡萄水（从断裂的葡萄藤中流出来的水，味酸）、穆沙来斯（葡萄酿制的酒）等。

维吾尔族在日常生活中尤其喜欢喝茶，一日三餐都离不开茶。无论何时去维吾尔人家里做客，主人总是先要给客人敬上一碗热气腾腾的茶水并端上一盘香酥可口的馕，即使在瓜果飘香的季节里，也要先给客人敬茶。维吾尔人多喜欢喝茯茶，至今仍是维吾尔人最喜欢的传统饮料。维吾尔族中年龄大的人喜欢在茶里放冰糖。

北疆的维吾尔族多喜欢喝奶茶，在乳类中维吾尔人尤其喜欢吃酸奶，夏季常以酸奶就馕吃。在农忙季节，农民常常带上酸奶、馕作为自己的午餐。家里来了客人，好客的主人也会捧出一碗酸奶来招待。

节日饮食

维吾尔族有许多节日，食风有同有异。同者，都要宰牲宴客，家庭聚餐；异者，各节的饮食不尽一致，如"宰牲节"吃抓饭、油果子、手抓羊肉、糕点、瓜果；"开斋节"吃粉汤。在人生礼仪食俗方面，有婴儿出生40天举办的"洗礼宴"，男孩儿六七岁时举办的"割礼宴"，男女

做抓饭 ▶

◀ 烤鱼

婚嫁的喜宴，老人祝寿的寿宴，服孝期的"乃孜尔"祭仪等。在社交游乐方面，有"香妃墓会""揭水节野餐""娱雪宴""连环晚宴""诺茹孜"（迎春野宴）、"偎郎"（男女欢会宴）、"吐鲁番葡萄宴"等。

服饰习俗

维吾尔族的服饰不仅花样较多，而且非常优美，富有特色。维吾尔族妇女喜用对比色彩，使红的更亮，绿的更翠。维吾尔族男性讲究黑白效果，尽显粗犷奔放。维吾尔族是个爱花的民族，人们头上戴的是绣花帽，身上穿的是绣花衣，脚上登的是绣花鞋，扎的是绣花巾，背的是绣花袋，衣着服饰无不与鲜花息息相关。维吾尔族服饰形式清晰，纹饰多样，色彩鲜明，图案古朴，工艺精湛，其发展演变规律清楚，有些服饰款式与新疆出土衣物颇为相似，体现了一个地区、一种文化的历史沉淀，从中可以窥见民族服饰的传承性与地域性特点。

新中国成立后，随着人民生活水平的提高，维吾尔族的服饰发生了很大的变化，西服和新潮服装已越来越受到维吾尔族群众、特别是青年男女的喜爱。

男装

维吾尔族的男装比较简单,主要有"亚克太克"(长外衣)、"托尼"(长袍)、"排西麦特"(短袄)、"尼木恰"(上衣)、"库依乃克"(衬衣)、腰巾等。

维吾尔族将外衣统称为"袷袢"。这些衣服多用黑、白布料,蓝、灰、白、黑等各种本色团花绸缎料等制作。过去的维吾尔族男子一般多穿过膝、宽袖、无领、无扣的长外衣,穿时腰间系一长腰巾,腰巾可以起到扣子和口袋的作用,携

维吾尔族男装

带食品和其他一些零星物件,随用随取。腰巾长短不等,长的可达两米多,也有方形腰巾,系时在腰间露出一个角。腰巾多为黑、棕、蓝等深色,平常腰巾不怎么讲究,节日系的腰巾一般十分鲜艳,有的印花、有的绣花。维吾尔族男子穿上袷袢系上腰巾,显得别有一番风度。过去富有的人还在袷袢外再穿长袍。

维吾尔族男子的衬衣多不开胸,长及膝部、臀部。年轻人及小孩的衬衣多缀花边。宗教职业者多用长的白布缠头,维吾尔语称为"赛兰",外衣外边不系腰带,多穿长袍,与一般人有明显的区别。

现代维吾尔族男子的"袷袢",与古代形式虽然相似,但讲

究面料的质地，式样宽松合体，典雅大方。多以长外衣过膝，对襟、长袖过手指、无领、无纽扣，穿时腰间系一长带，既紧身连体，又舒畅保暖。年老的袷袢则以黑色、深褐色等布料裁制，显得古朴大方。下身多着青色长裤，盖及脚面。讲究的男裤，则在裤脚边绣饰花卉纹样，多以植物的茎、蔓、枝藤组成连续性纹饰，显得雅致美观。

维吾尔族老人

青年男装显得朝气勃勃，夏季为白色棉布面料缝制成合领式衣，其领口、前胸、袖口皆绣饰花边，腰部束绣花"波塔"（腰巾），其名"托尼"或"叶克台克"，此衣装不仅淡雅、凉爽，穿着也极便利，再配上青色长裤、皮靴，融汇成浓郁的民族服饰特色，更显青春活力与健美。

> **知识链接** "袷袢"，喜用彩色条状绸做面料，这是一种深受欢迎的传统式衣料名"切克曼"，其次是"拜合散"，织造细密，衣质轻软，是缝制"袷袢"的好面料。

维吾尔族的裤子过去通常为大裆裤，样式比较简单，分单裤、夹裤、棉裤三种，主要用各种布料做，也用羊皮、狗皮等做。男裤通常比女裤短，裤脚窄一点。

女装

维吾尔族妇女爱穿裙装，喜选择鲜艳的丝绸或毛料裁制裙装，常见的有红、大绿、金黄等色的质料，内穿淡色对裙。更偏爱本民族独创的"艾得莱"丝绸缝制连衣裙。每逢假日或喜庆佳节，从街市、乡村、山野，随处都可见到身穿不同花色、纹样的"艾得莱"丝绸缝制的花裙。丝绸的花纹如彩云飘飞，色泽明丽，透出创造者内含灵性的天赋。维吾尔人誉称它"玉波甫能卡那提古丽"，即给人们带来春天气息之意，美好的祝福。

维吾尔族妇女衣服式样很多，主要有长外衣、短外衣、坎肩、背心、衬衣、长裤、裙子等。过去维吾尔族妇女普遍都穿色

▲

维吾尔族女装

彩艳丽的连衣裙和裤子。裙子大都是筒裙,上身短至胸部,下身宽大,长及腿肚子。维吾尔族妇女除用各种花色的布料做连衣裙外,最喜欢用"艾得莱"丝绸,这是一种专门用来做衣裙的绸子,富有独特的民族风格。维吾尔族妇女多在连衣裙外面穿外衣或坎肩。裙子里面穿长裤,裤子多用彩色印花布料或彩绸缝制,讲究的用单色布料作裤料,然后在裤脚绣上一些花。妇女的长外衣主要有合领、直领两种,年轻妇女喜欢穿红、绿、紫等鲜艳的颜色,老年妇女喜欢穿黑、蓝、墨绿等团花、散花绸缎或布料,衣服上缀有铜、银、金质圆球形、圆片形、橄榄形扣袢,讲究的在衣领、袖口等处绣花。女式短外衣有对襟短上衣、右衽短上衣、半开右衽短上衣三种。

维吾尔族不仅喜欢养花、种花,而且喜欢将各种花卉图案绣在服装上。维吾尔族妇女喜欢在衣服领口、胸前、袖口、肩、裤脚等处绣花。男子穿的服装上也绣有花纹,主要在合领衬衣的领口、胸前、袖口等处绣花,表现了维吾尔族浓郁的装饰美感。

> **知识链接** 在维吾尔族的服饰中,和田地区的于田、民丰、且末一带妇女服饰有其独特的特点。她们多头披白纱巾,头右侧戴顶"塔里帕克"(小帽),这种帽子口大顶小(直径8厘米左右),形如扣碗,远看如一朵花。她们的长"袷袢"(外衣)有依次排列7条尖头对称的蓝色绸补条形图案,袖领、底部有同样颜色绸补单边缘。此外内着一件配套合领半开口套头衬衣,衬衣右侧依次排列9条呈扇面形,绣成宽条形图案,圆领口处有一条宽边,底口绣有羊角纹和碎花纹,领中部有两条相同颜色的绳带。据传这种服装是古代打仗和狩猎男女穿的一种箭服,两侧的7条图案,原是箭袋,后来演变成装饰图案。

佩饰

维吾尔族妇女非常喜欢戴耳环、戒指、项链、胸针、手镯等。女孩子从五六岁开始,甚至更早就扎耳眼,佩戴耳环。喜欢用"乌斯玛"的液汁描眉,在没有"乌斯玛"的冬季,用"苏尔麦"(石墨)或"菖蒲"来描眉,使本来就浓密的眉毛显得更黑。用"海乃古丽"(凤仙花)染指甲,用"依里木"(沙枣树胶)抹头发,用红花的花瓣作胭脂和口红,有用樱桃和玫瑰花汁相混合,用于涂脸和嘴唇,这些都是维吾尔族妇女普遍使用的最理想的天然化妆品。每逢节日盛会、走亲访友,维吾尔族妇女就把绚丽多彩、斑斓夺目的首饰佩戴齐全,穿上鲜艳的衣裙,精心装饰

维吾尔族妇女

打扮，更增无限风韵。这些风俗表达了维吾尔族妇女对美的追求。

维吾尔族以长发为美，妇女多喜欢留长辫。过去未婚少女多喜欢梳很多小辫，婚后改梳两条长辫子，但仍留刘海和在两腮处对称向前弯曲的鬓发。辫梢散开，头上喜欢别一新月形的梳子作为装饰。由于现代生活节奏的加快、生活条件和环境的改变、审美价值观念的变化等原因，在城市里留有长辫的维吾尔族年轻妇女已不多见了。但在维吾尔人对女性美的文化传统里，以妇女浓密的黑发和粗长的辫子为美的观念，仍然是根深蒂固的。

花帽

维吾尔族花帽不仅选料精良，且工艺精湛，制作小花帽的工匠都有一套"绝活"。花帽的图案与纹样千变万化，花帽的样式、花纹与图案也与各地环境相关，具有明显的地方特色。

喀什地区花帽样式繁多，尤以男花帽为著，那种以黑底白花纹为主，色彩对比强烈、格调典雅的"巴旦木"图案，按纹饰的线构成的，棱角突起而显出立体感，却把黑白色深印在人们的脑海中。和田、库车地区的花帽则以优质的丝绒面料，又配色彩各异的丝绒编织纹样，疏密有致的穿插，透溢出独特韵味。有的花

◀ 绣花帽

男帽

女帽

帽镶饰串珠、金银饰片，珠饰圆润光泽，巧妙地运用图案本身结构的因素，使花帽繁花似锦。还有的花帽顶部纹饰凸起，彩线编织细腻，成串儿的彩球闪亮夺目，是新娘的喜爱之物。吐鲁番地区的花帽则以色彩艳丽著称，那大红的花纹配上翠绿的花纹，宛如朵朵绚丽的奇葩。伊犁地区的花帽，不仅突出线纹的流动感，它的特色具有素雅、大方的优点，花帽造型扁浅圆巧，纹样简练。

巴旦木花帽 用巴旦木杏核变形和添加花纹的一种图案，其纹样姿态丰富多样，多是黑底白花，庄重、古朴、大方，维吾尔族男性老幼都喜欢戴这种花帽。

塔什干花帽 原是塔什干流行的一种花帽，现在是对格刺绣几何形纹花帽的通称，深受广大男女青年所喜爱，一般色彩对比强烈，火红闪耀如盛开的花丛。

格来木花帽 即扎绒花帽，帽似地毯绒面，绣法费工，比较少，但广为男女青年喜爱。

曼波尔花帽 帽顶绣四组圆开纹样，周边有四组长方或圆形纹样，是最常见的一种男女老幼都可戴的花帽。

奇曼花帽 普通常见的花帽。帽以"米"字为骨架，花卉枝叶交错，花纹以枝杆连接或线条分隔，成多个正反三角、菱形格局，帽面图案似地毯排列，也称奇曼塔什干朵帕，女性喜戴。

再尔花帽 即金银线盘绣花帽，是姑娘、妇女最喜爱的一种花帽，所绣的花多是立体的，在阳光下熠熠闪耀，给人以华贵端庄之感。

玛日江朵帕 即串珠亮片花帽，是姑娘和小女孩最常戴的花帽之一。

◀ 女帽

金片花帽 用压、镂花纹金片缀在帽上加以装饰，是旧时富家妇女戴的一种很贵重的花帽，现在已见不到戴这种花帽的人了。

吐鲁番花帽 吐鲁番、鄯善、托克逊地区流行的一种男女老幼都戴的花帽。其特点是花大底空小，而且颜色特别火红鲜艳，只有这一地区的老年人还戴这种艳丽夺目的花帽。绝大多数使用绿色为底色。

伊犁花帽 流行在伊犁地区的一种大方、雅致，男女都可戴的花帽。它的花纹纤细、色彩柔和。

五瓣花帽 维吾尔语称"白西塔拉多帕"。一般花帽是四瓣拼缝成的，而这种花帽比一般花帽多一瓣，是一种男孩儿、女孩儿戴的花帽，帽子较小，纹样比较简单。绝大多数使用红色为底色。

夏帕克帽 即瓜皮帽，是新疆南部地区男性老幼夏季戴的一种便帽，有时冬季作为衬帽，多为素面，有些在帽口有水纹边。

赛里甫西吐玛克 即高筒花帽，也有人称"赛兰多帕"，多为宗教神职人员戴，上缠"赛兰"。

阿克多帕 即白色帽，帽上有白色线扎花纹，是做礼拜时戴的一种帽子。

▲ 男帽

鞋靴

新疆各族穿靴的历史悠久，沿袭至今，适应新疆寒冷的气候，也是为骑马、放牧便利而创制的一种鞋履。维吾尔族先民由于经历过长期的狩猎、游牧生活，为了适应这种生活，养成了穿"玉吐克"（皮靴）的习俗，这种装束至今仍为维吾尔人所喜爱。维吾尔族的鞋类主要有"玉吐克"（皮靴），"去如克"（皮窝子），"买赛"（软靴），"开西"（皮鞋，类似套鞋，多在夏季穿），"喀拉西"（套鞋）。维吾尔族的鞋、靴多用牛羊皮革做成。过去维吾尔族女式靴子上绣有各种花纹，非常漂亮。维吾尔族男女都喜欢"玉吐克"（皮靴），中老年人多穿"买赛"，外面加穿"喀拉西"。过去维吾尔族多穿用皮子做的"喀拉西"，现在则普遍穿橡胶制作的"喀拉西"，既可以保暖，又可以保护靴鞋，入室或清真寺大殿要脱套鞋，以保持室内清洁。寒冷的地方，冬天穿毡筒。

◀ 制作皮靴

> **知识链接** **套鞋** 居住城镇的维吾尔族喜在鞋、靴外面套上胶鞋，这是一种良好的卫生习惯，无论走亲访友，或是在自己居室内，都在屋前把套鞋脱放门外，以防泥土、脏物带进屋内。套鞋一般有两种样式，一种是圆头的套鞋，另一种是软底皮靴套鞋。

在农牧区生活的劳动者大都自己制鞋，也有制作鞋、靴的民间工匠。他们掌握了从制作木楦头到选皮、鞣革到制皮鞋、靴成品的一整套传统绝技，技术熟练、手艺精湛，不比制鞋厂工人逊色。现在维吾尔族都到商店购买鞋靴。

装束

新疆，不仅山美、水美、物美，而且人也美，尤其维吾尔姑娘特别美。她们的美，除了天姿外，还有赖于她们追求美的天性、美容的传统和大自然提供给她们的天然化妆品。

维吾尔人以白皮肤、黑眉大眼、乌发长辫、小嘴巴、红润的脸蛋、鲜红的指甲盖等为女性外貌美的标准。人们把最理想的白皮肤常比作春小麦的麦粒和奶油，有时也比作太阳和月亮。对眉的赞叹通常较多见的是："她那又黑又细的眉毛，如同用笔画上去的一样。"把睫毛比作春燕的翅膀；把白里泛红的脸蛋喻为熟透的红苹果和石榴。在维吾尔人的心目中红脸蛋是一种健康美和善良诚实的"面相"。和田的姑娘辫子粗又长，走起路来辫梢拍打在脚后跟上，"她那粗黑粗黑的长辫子真厉害，早把我的心儿紧缠慢绕地拴上"，这类对乌发长辫的颂歌更是举不胜举。男性对女性美的理想，自然成了妇女们追求美，精心化妆打扮，以增添自己魅力的标准和目标。

乌斯玛 以黑眉为美的维吾尔妇女不知从何年起养成了用"乌斯玛"（菘蓝）草叶的黛绿色液汁描眉的习惯。"乌斯玛"是草本植物，叶长椭圆形，全缘或有微锯齿，鲜嫩时肥厚黛绿。妇女们每当春暖花开，"乌斯玛"只要长出可以揪下来绿叶时，便将它采来放在掌心揉搓，挤压出黛绿色的汁液，把它滴在碗底的窝窝内或小碟中蓄起来，然后用缠上棉花的小细棍蘸取，细心地涂抹在眉毛上。

描乌斯玛 ▶

反复涂抹数遍，等它稍干后，用清水洗去浮汁，留下一层青黛，使本来就很浓密的眉毛显得更黑更艳。妇女们不仅在自己的眉毛上涂抹，还给小女孩儿也涂抹上，有的家庭甚至给尚不知异性区别的男孩儿也涂抹上。她们的理由是只有"浓眉"才能与"大眼"相配！最后，把剩余的"乌斯玛"汁液涂抹在小女孩儿们的头上，祝愿她们将来发黑辫长。如果剩下的汁液尚多，打算以后继续用，便加入适量羊油，保鲜储存。

苏尔麦 在没有鲜绿"乌斯玛"的冬季，维吾尔族妇女就用"苏尔麦"或"葛蒲"来描眉。"苏尔麦"就是石墨。人们将它压碎碾成粉末制成"苏尔麦",专门用来描眉和眼睑,使眼睛显得更大更黑,更富于神韵。

昂里克 在维吾尔民间文化传统里,妇女也有涂脂抹粉的习惯。脂粉过去主要是顺着丝绸之路东来西往的商旅传送的外来货,对它的使用也只限于维吾尔族贵族阶层的妇女,广大的民间妇女用的是自制的"胭脂"。维吾尔人称胭脂为"昂里克",自制胭脂的主要原料是新疆各地盛产的红花。

> **知识链接** **扎让扎** 人们用其橘红色的花瓣作胭脂和口红。有时,维吾尔族妇女也用樱桃水和玫瑰花汁相混合,用于涂脸和嘴唇,当作胭脂或口红用。人们除利用这些天然物护肤养颜外,还对脸面经常摸搓,起到干浴、刺激、按摩活血的效果,使皮肤保持白嫩红润。

依里穆 沙枣树胶,维吾尔族妇女使用最普遍,也是最理想的天然"发胶"。由于现代生活节奏的加快,生活条件和环境的改变,审美价值观念的变化等原因,在城市里很少能见到留有长辫子的维吾尔族年轻妇女了。

在广大的农村牧区,维吾尔妇女至今仍留长辫。姑娘出嫁前,每当逢年过节便把长发梳理编成"40根"辫子。不过这里的"40根"是虚数,泛指多。究竟多少,那要根据头发的密度来定,越多越美,但人们认为最多也不得超过41根。姑娘结婚后不

◀ 乌斯玛

再梳成"40条"辫子,始终保持两条,但仍留刘海和在两腮处对称向前弯曲的鬓发。

当妇女已成为两三个孩子的母亲,年龄到30岁左右,为她举行"居宛托伊"仪式后,妇女的整个头发从中间分成两股,梳理成两条大辫,把刘海和鬓发也要梳入这两股头发中,并用两根线薅去脸面上的汗毛,这在民间称作"开面"。其父母和丈夫还要给她赠送新衣、首饰等较贵重的礼物。维吾尔民间认为妇女进入"居宛"是她的黄金时期,是最富魅力、风韵十足的美好阶段。这时如果她的长辫子超过她的臀部,甚至在她走路时辫梢能摩擦着她的脚后跟,那就最理想不过了。有的妇女为此在束辫子时加进一些长发,实现自己美的理想,满足对美的心理要求。有的妇女编辫子时还用水泡软稀释的沙枣树胶,把束好的辫子涂抹得光洁滑亮,或在梳头时就把树胶加进去梳匀,然后编辫子,这样,头发干后虽然有点硬邦邦的,但却能较长时间保持光亮整齐。

嘿乃 ▶

嘿乃 在春夏季节,维吾尔族妇女特别是年轻妇女都喜欢把手指甲染成橘红色,甚至把脚指甲也染成橘红色,觉得这样很美。尤其在逢年过节等喜庆的日子里,更是如此。什么是她们天然的指甲油呢?那就是维吾尔人称作"嘿乃"的凤仙花。

凤仙花是一年生草本植物,新疆各地都有种植,妇女们将其花、茎、叶捣碎,加上点白矾,睡觉前用布包在手指和脚趾上,第二天早晨就可使所有指甲染成橘红色,保持周余。

居住习俗

建筑风格

维吾尔人的建筑艺术具有悠久的历史,其渊源可以追溯到石器时代。根据敦煌、拜城、库车、吐鲁番、鄯善、克孜尔尕合等地方千佛洞和石窟艺术的考证,以缘于崇拜山峰和自然而刻画的拱形线状和几何图案,逐步发展为太阳、月亮、星星等天体的图纹,是维吾尔族早期建筑艺术风格的表现,后来与平面雕塑、浮雕、壁画等艺术结合,成为维吾尔族的独特建筑艺术风格。伊斯兰教传入后,维吾尔族在吸收了阿拉伯建筑艺术风格的基础上,不断发展、改革,充实和丰富了维吾尔建筑艺术。历史上维吾尔族的建筑风格和建筑学说对中原的建筑曾产生过影响。在元代,著名维吾尔建筑学家也黑迭儿丁曾参加元大都的设计,对北京城

◀ 特色建筑

市建设和布局起到了重大的作用。

目前,从留存的陵墓和古代建筑及庭院住宅中我们能够看到维吾尔族的建筑艺术风格和建筑技术有以下特点:

第一,广泛应用木雕和石膏雕塑。维吾尔族的清真寺、陵

特色建筑 ▶

墓、宝塔和住宅室内墙面大多用石膏雕塑图案，有圆形、四方形、三角形、菱形等，有的以一点为中心采取两方连续或四方连续的方法来表现。院落的前廊、木柱、木栏，室内屋顶檀木和"哈拉克"（屋内顶棚四周墙上固定的枕木）都雕刻有图案。

第二，在雕刻基础上使用彩绘。房间的门扇、壁龛、米合拉普，屋内顶棚的檀木、哈拉克、屋顶椽木（檀木上排放的木桎）、"哈拉克–塞拉普"（两面墙上放的枕木形成的三角）、天花板，屋外的前廊、木柱等在雕刻的基础上绘有各种风景、花卉、果木等图案，技巧高超、对比明显、相互协调，体现维吾尔人的兴趣爱好和色彩观念。

第三，喜用格窗和砖雕。维吾尔人以砖拼砌各种几何图案，是一种独特的建筑艺术风格。以砖刻拼砌成各种花饰，用于建筑物的墙面、房檐、天阶、大门边框、宝塔等部位，将砖拼砌成三角花格、六边连环和菱形斜格等优美图案，构成华丽效果而又显示出美观大方。维吾尔族在房檐天窗或大殿门窗，常用各式木制格窗和铁制格窗，其花纹别具一格，独有特点。

第四，拱形装饰和圆拱形建筑较多。维吾尔族在建筑中使用拱形风格较为普遍，门窗的外形、室内的马合拉甫等部位往往使用拱形装饰风格，陵墓或清真寺以及一些大厅等建筑物顶部往往为拱形。圆拱形状的建筑从力学的角度来看是很有科学性的，主要是解决建筑物的支撑而建造的。

第五，喜用琉璃花砖贴面。维吾尔人在比较庄重的建筑物中使用琉璃花砖，琉璃花砖一般以绿色和天蓝色为主，也有白色、浅粉色等颜色。这种琉璃花砖贴面在阳光下绚丽多彩，与周围的建筑物和环境形成鲜明的对比，充分显示出维吾尔人富丽堂皇的建筑风格。

维吾尔族图纹花饰中的各种形态万千的图案，都是来源于庭院园艺中的藤、叶、花、蕾、果木的花瓣，石榴、石榴花、巴旦木等实物，日常生活中的器皿如洗手壶、铜茶壶、瓷茶壶、花瓶等，图案制作者们巧妙构思，灵活自如地将图纹线条组合在一起，形成美观绚丽的图案。

民居样式

维吾尔族的民居建筑有其独特风格。房屋方形，有较深的前廊；室内凿壁龛，并饰以各种花纹图案。旧式房屋多系土木结构，窗子较小，房顶开一个窗，通风采光差；室内进门有一连灶土炕，用来做饭取暖。随着生活条件的改善，住房质量逐渐提高，有的住进了楼房。即便是自建的平房，一般也比较宽敞明亮通风。厅室布置整洁朴雅，四壁呈白色泛蓝，悬挂壁毯；靠墙置床，被褥均展铺于床罩或毛毯之下，床上只摆设一对镂花方枕。室中央置长桌或圆桌，家具及陈设品多遮盖有钩花图案的装饰巾，门窗挂丝绒或绸类的落地式垂帘，并衬饰网眼针织品。地面多装饰民族图案。维吾尔族喜欢在庭院中种植花卉、果树和葡

◀ 老城建筑

萄,整个环境显得雅静、清新。

维吾尔族的居室一般是土木结构平房。其建筑方式是以粗木或沙石作基,土块砌墙或笆子墙,房顶架梁、棱、椽后铺苇席,并加土抹泥。房屋平顶,开天窗采光,四壁不开窗只留门,房门忌朝西。现在,建筑式样发生变化,多留壁窗,建材也多由土木结构向砖、混凝土结构发展。室内布置过去较为简单,一般多砌土炕,炕一侧隔矮墙砌锅台,墙上留有壁龛,放置物品,喜挂壁毯。冬季多烧炉子、火墙取暖。随着人民生活水平的提高,立柜、五斗橱等家具和电视机、收录机、洗衣机等家电产品也进入普通人家。室内布置由实用、美观渐趋华丽。院内多植有果树花卉。房门口两侧砌土台,上铺毡毯,用以夏天乘凉、睡觉。

◀ 老城巷子

吐鲁番盆地全年基本无雨,生活在这里的维吾尔族就地取材,用土坯建房,建成单层或双层带半地下室的土拱平顶房。院子周围以平房和楼房相穿插,用土坯花墙、多种形状的拱门、平台、葡萄棚等组合成富于变化的空间。宅内各组房间之间由葡萄棚或天棚组成的宽敞过道相连。院内引入渠水,通风良好、蔽日纳凉的庭院成为人们生活起居的主要中心。室内外装饰较少,仅有用木模压印出的图案花纹装饰墙面。

伊宁地区寒冷多雨,维吾尔族住宅多为砖土木结构的坡顶房屋。房屋与果园以绿篱（葡萄棚等）分隔，绿篱与房屋外廊搭接，组成凉爽的户外生活场所。门廊有挂落和栏杆，墙面和顶棚为浅蓝色，木门窗板有装饰性木雕。室内陈设较为讲究，用工艺刺绣、壁毯、大幅织花窗帘装饰。

喀什、和田的维吾尔族民居多为砖砌，不讲朝向，室内多壁龛和石膏花饰，精美华丽。因维吾尔族信奉伊斯兰教，装饰颜色多为绿色。

知识链接 在建筑装饰方面，由于石膏质地细腻、洁白，涂色和不涂色使用都能收到良好的效果，维吾尔族常用它来装饰民居。石膏花饰有用于墙顶边缘、壁龛周边的带状图案，有用于壁面的大幅尖拱形图案和用于顶棚的圆形、多角形图案。图案取材于牡丹、荷花、葵花、菊花、梅花、玫瑰等。石膏粉花饰中的植物纹与几何纹结合自然，疏密有致。

另外，彩画、木雕、拼砖等手法也常用于维吾尔族建筑装饰。彩画色调浅淡柔和，在顶棚边缘和密梁等处稍加点缀，效果突出。木雕花纹多取材于桃、杏、葡萄、石榴、荷花等植物花卉，主要用于柱子、梁、枋和门窗装饰。木雕花饰多用原色材料或施加彩绘，在雕法上有线雕、浅浮雕及透雕等。拼砖所拼砌出的花纹为各种几何纹，施工中要求有高度的拼合技巧，主要用于装饰砖砌的墙面、台基、柱墩和楼梯等处。

民居风格

新疆维吾尔自治区地处祖国西北，地域辽阔，是多民族聚居的地区，其中以维吾尔族为主，人口约占全区的三分之二。新疆属大陆性气候，气温变化剧烈，昼夜温差很大，素有"早穿皮袄午穿纱，晚围火炉吃西瓜"的说法。再加有七个民族信奉伊斯兰教，是我国信奉伊斯兰教的民族最多的地方。所以，这里的建筑必然会受到当地文化的深刻影响，形成鲜明的地方特色和民族特色。

维吾尔族的传统民居以土坯建筑为主，多为带有地下室的单层或双层拱式平顶，农家还用土坯块砌成晾制葡萄干的镂空花墙的晾房。住宅一般分前后院，后院是饲养牲畜和积肥的场地，前院为生活起居的主要空间，院中引进渠水，栽植葡萄和杏等果木，葡萄架既可蔽日纳凉，又可为市场提供丰盛的鲜葡萄和葡萄

民居内室

干,从而获得良好的经济效益。院内有用土块砌成的拱式小梯通至屋顶,梯下可存物,空间很紧凑。还有一种"阿以旺"式住宅,房屋连成一片,庭院在四周,平面布局灵活,前室称"阿以旺",又称夏室,开天窗,有起居会客等多种功能,后室称冬室,做卧室,一般不开窗。

民居内室

新疆民居的结构虽以土坯墙为主,但随着不同地区的气候不同,在构造上还是有若干差别。例如,北疆的昌吉、伊犁地区,降雨量较多,民居土坯墙就多用砖石做基础和勒脚,天山南麓的焉耆地下水位高,人们就采用填高地面地基的做法,并在基础与墙身接合处铺一层苇箔做防潮层,以防土坯墙受到水的侵蚀。吐鲁番地区几乎终年无雨,墙体就全用土坯砌筑,用不着砖石做基础和勒脚了。

新疆民居的屋盖多用土坯拱券,以满足夏季隔热、冬季防寒的要求。"阿以旺"式住宅则用密梁平顶,受汉族文化影响较多的回族民居，多喜用内地木构架起脊的屋顶，平面布置也采取四合院、三合院形式，和汉族的住宅没有多大差别。

信仰伊斯兰教的民族喜好清洁，很重视沐浴，特别讲求水源的洁净。在没有渠水可引的地方，几乎每户都在庭院自打一口井，并严格保护水源，使其不受污染。

◀ 特色民居

为了在节日举行宗教仪式活动和接待亲友，每户居民通常都有一间上房，一般在西面，最少是两开间，使用面积为30~40平方米。考虑到人群聚散和空气流通，常设内外两重门，房中有一个通长的大火炕。

在建筑装饰方面，多用虚实对比、重点点缀的手法，廊檐彩画、砖雕、木刻以及窗棂花饰，多为花草或几何图形；门窗口多为拱形；色彩则以白色和绿色为主调，表现出伊斯兰教的特有风格。

◀ 民居内饰

虽然砖饰所采用的材料不过是最普通的砖石，但经过锯、切、打磨后，工匠却可以通过相互穿插、交错、重叠、拼砌将它们组合成各种花饰。据说，一个高明的工匠可以将这些砖石拼砌成上百种图案。石膏雕花也是维吾尔族民居最常采用的装饰手法之一，主要用于庭院前廊端部和室内外窗间墙壁等处，以花卉、植物、几何纹饰等作为边框陪衬，看上去像是一幅完整的装饰图画，又像是一幅镜框。

卫生习俗

净水壶、盆

维吾尔族家庭一年四季都将屋内、庭院、门前打扫得干干净净。有条件的家庭则由主妇或稍大点的女儿，每日早晨把地扫一遍，再洒上水。在维吾尔族家庭，牛羊圈一般都修建在后院，绝不建在前院。

只要手摸过其他东西或物件，若再动吃的东西必须洗手，且一定要用壶浇洗三遍。维吾尔人每日三餐前必须洗手，洗完后用毛巾擦干，不能甩手，也不能在自己身穿的衣服上擦干。维吾尔人绝不吃他们认为不干净的东西。

在进餐或在公共场合，不吐痰、擤鼻涕、放屁。在墓地、清真寺、水渠旁、果树下、葡萄架下，一定要保持清洁，不能在这些地方大小便，不允许有任何污秽物。

维吾尔宗教人士在每天每次做礼拜前都要净身，沐浴全身为"大净"，冲洗局部为"小净"。若到了礼拜时间，而且周围两公里内找不到水，可以以土代水，表示一下。

交通习俗

交通工具

　　维吾尔族主要生活在天山以南各绿洲，周围多戈壁沙漠，因此交通运输在人们日常生活中就显得极其重要。新中国成立前，维吾尔族传统的交通运输工具主要有马、牛、骆驼、驴和各种木轮大车。据文献记载，维吾尔族先民很早就将马、木轮大车作为交通工具来使用。历史上称维吾尔族的先民为"高车"，就是因他们使用车轮特别高大的车而得名的。

赶马

　　维吾尔族先民的这种古老的交通工具至今仍在一些地区使用。除了马和木轮车外，维吾尔族的交通运输工具还有牛、驴、骡子、骆驼、船、皮筏子、木排等，现在除了皮筏子和木排外，牛、驴、骡子、骆驼、船等在许多地区仍是今天维吾尔族群众的主要交通运输工具。

　　牛　　由于牛的负重力大，维吾尔族最早是在农业生产中使用牛，将牛用于拉犁耕地，以后逐渐发展成为交通运输工具，用牛拉车，用牛驮运，有时也用来乘骑。

驴车 ▶

驴 在维吾尔族的交通运输中占据着重要的位置。由于驴饲养使用方便，因此在维吾尔族聚居的农村，驴被广泛作为交通运输工具来使用，几乎家家户户都有驴。由于驴的普遍使用，维吾尔族群众中还有了专门用驴作为交通运输工具的职业——"驴脚夫"，维吾尔语称为"克热开西"，从事这一职业的人，其役用的驴少则有八九头，多则有十几头，甚至有二三十头的。

骡子 主要用作乘骑，也用来拉车，常用作长途旅行。

骆驼 维吾尔族很早以前就将骆驼用于长途运输，特别是沙漠地带的运输，俗称"沙漠之舟"。过去将骆驼用于商队的运输比较普遍，骆驼商队中领头和收尾的骆驼脖子上一般系有铃铛，行走时响声不断，成为古丝绸之路上的一大奇观。

木船 维吾尔族不仅将木船作为捕鱼的工具，而且也作为一种交通工具来使用。这种船是将大块胡杨木用凿子挖凿成的，其实是一种独木舟，主要用于水上客运。有时用作货运时，将几只小船捆在一起。

▲

木船

皮筏子 用若干个山羊皮充气后连接在一起，其上绑木板，用于水上客运和货运。

木排 这是一种简单的水上交通运输工具，主要用于人、木柴等的运输。一般用两三块木板连接起来使用。

轮车 过去是维吾尔族的一种大型运输工具。根据制作车子的材料和车轮的形状分为"亚日亚"（轻便木轮车）、"库太克"（粗轮车）和铁轮车三种；根据套车的牲畜分为马车、牛车、驴车三种。还有一种专门拉乘客用的轿车，维吾尔语称"买帕"，通常用一匹马拉，马身上的套具装饰得非常漂亮，马的脖子上系有一串铜铃，过去这种车主要在城市和城郊行驶，供行人乘坐。

运输业

维吾尔族在将马、骡子、驴、骆驼等作为交通工具的同时，也发展了自己的运输业。

商队 维吾尔语称"卡尔瓦尼"，不管是骆驼、马还是骡子，少则由七八头，多则由十几头组成一个商队，主要是往返于沙漠地带从事商业贸易活动。

畜力租赁业 从事这一职业的人一般有两三头马或骡子、骆驼、驴，租给临时用牲畜的人，收取一点费用。

◀ 骆驼

赶脚夫 维吾尔语称"克热开西"，是一种以车子、驴作为运输工具的长途运输业，主要用来运输各种物品。

20世纪40年代以后，胶轮木车逐渐开始在维吾尔族地区普及。现在在农村几乎家家户户都有一辆胶轮木车，成为广大农民群众主要的运输工具。

新中国成立后，汽车运输事业迅速发展，但民间畜力交通运输因其具有方便灵活、适应性强等特点，仍然发挥着不容忽视的作用。在现代化的交通工具十分普及的今天，胶轮木车、马、驴不仅在乡镇农村交通运输方面发挥着重要的作用，而且在新疆的一些中小城市也发挥着自己的作用。

第三章
社会文化

  维吾尔族受伊斯兰教影响,在人生礼仪、习俗、丧葬、节庆、禁忌等方面形成了独具本民族特色的社会文化。随着社会的发展,文化的融合,一些新的理念和原素迎合着时代的潮流正悄然融入到传统习俗中。

家庭礼仪

伦理道德

维吾尔族传统伦理道德具有丰富的内涵,它包含了儒家传统伦理、维吾尔族先民曾经信仰的各种宗教的伦理以及维吾尔族本民族的传统伦理等多元文化要素,是各种伦理要素在历史上长期积淀的成果。维吾尔族传统伦理道德是与维吾尔族生存方式密切结合的、反映维吾尔族伦理观价值取向的具有信仰性和实践性特征的价值体系。它以精神信念、相关思想、社会舆论、传统习惯与行为规范为内容。维吾尔族人民在长期的生产实践中积累了大量的传统伦理思想和道德规范,其中有些来自于宗教信仰,有些来自于人们长期的生产实践,也有些来自于其他文化的影响,这些民族传统伦理道德在维吾尔族的神话传说、民间故事、经典著作、格言箴言、习俗礼仪、宗教禁忌等方面以及在整个民族的精神文化和社会实践活动领域中,都有着广泛而生动的反映,如在维吾尔族中广泛流传的民间故事《阿凡提的故事》,其中就闪烁着维吾尔族人民道德智慧的光辉。富有伦理道德思想的维吾尔谚语是维吾尔族社会、生产和生活经验的积累和总结,是维吾尔族智慧的结晶,它以生动活泼、幽默诙谐的语言形式客观地反映出维吾尔族的生活哲理、道德观念、行为准则,真实地

《福乐智慧》书影

记录了维吾尔族社会、经济、文化发展的历史轨迹。内涵丰富的维吾尔族的传统伦理道德集中体现在维吾尔族的经典名著《福乐智慧》和《真理的入门》中,它们反映了维吾尔族人民普遍的传统伦理诉求。

家庭结构

在家庭、婚姻伦理中,维吾尔族的传统伦理思想也具有宗法

▲

维吾尔族家庭

伦理的性质。维吾尔族传统的家庭结构是以父权家长制大家庭为基础的家庭模式。在家庭中,父权至高无上,对家庭财产的占有和家庭成员的支配拥有绝对的权力。家庭成员职责分明,劳动有明确的分工。"男主外,女主内"的传统家庭分工模式即体现了男子在家庭中的家长统治地位。这种男子在家庭中拥有特殊的权力和妇女对丈夫处于屈从地位的家庭婚姻伦理,从它的发展历程看,不仅是维吾尔族本民族传统家庭婚姻伦理的遗存,也受到了儒家男尊女卑思想的深刻影响,具有明显的"父为子纲,夫为妻纲"的儒家宗法伦理特征。

维吾尔族家庭,基本上是以夫妻关系为基础的小家庭制。家庭成员一般只限于祖孙三代以内的直系血亲,多子女的家庭在儿女们长大成婚后就分家另立门户。新中国成立前男女地位极不平等,根据宗教规定,男子可纳妾。夫权占绝对统治地位,妇女在人格上依附于男子。丈夫是家长,可以主宰家中一切,而妇女只有劳动的权利。随着社会的进步与发展,这种状况逐步在改变。妇女在社会上、家庭中的地位大大提高,基本达到男女平等。

婚姻制度

在婚姻关系上，维吾尔族古代社会历史进程中，曾出现早婚、包办婚、转房婚、一夫多妻制、穆塔婚（临时性婚姻）等多种婚姻状态。维吾尔族传统的婚姻制度从内容到形式都与宗法制度有着息息相关的联系，深受宗法伦理思想的影响。维吾尔族的婚姻制度在新中国成立前是封建包办婚姻，一般由媒人说合，父母包办，子女不能反抗。在结婚前必须行订婚手续。男子可以重婚、多妻。婚姻上的限制一般的习惯是：同一母亲所生或同一奶头上吃奶的男女不能通婚。新中国成立，随着《婚姻法》的贯彻执行以及精神和物质文明的逐步提高，陋习已被废除。

▶ 新娘

女孩出嫁后即长住夫家。新中国成立前丈夫可以随意休弃妻子，而妻子则无权提出离婚。若家庭破裂，离婚后男女双方都可以另行婚配，不受任何干涉。新中国成立后，夫妻感情不和，可直接去有关部门办理离婚手续，如发生财产归属纠纷，则由法院判决。

遗产继承

维吾尔族的财产继承，过去，按传统民族习俗一般限定在同胞兄弟血亲以内。家庭遗产按直系血亲分配。丈夫死后，妻子得遗产的1/8，其余由丈夫的亲生子女分得；如果妻子先死，其夫得妻子遗产的1/4，其余由子女分别继承。无子女有父母时，除将遗产清理债务外，余下的由父取2/3，母取1/3。无子女及父亲，但还有母亲时，母亲得1/3，其余归死者的同胞兄弟姐妹分得。如果死者无子女父亲，又无同胞兄弟姐妹时，母得遗产的1/3，其余做绝后处理。如死者尚有夫或妻，除夫或妻应得外，才给母亲余下1/3，其余做绝后处理。如果死者只有一个入赘的女婿，没有其他近亲，此女婿得遗产的1/8。养子女无继承权，随嫁子女只有亲生母的财产继承权。在祖孙三代以内，如果父亲先死，祖父的遗产可以不给孙子，但如果祖父遗嘱中指明要给孙子，孙子才能分得遗产。

交往礼仪

维吾尔族是一个重礼仪的民族。他们热情好客，耿直朴实，因信仰伊斯兰教，在日常生活中，人和人的交往中有严格的礼仪讲究。不同阶层、性别、年龄的人，见面时的礼节都有所不同。总的来说，小辈礼让长辈，男子礼让妇女，年轻的礼让年长的。时代在进步，礼仪方面的习俗也在发生着变化。

问候礼仪

男性之间见面的礼节 维吾尔族的礼节带有浓郁的地方色彩。见面时必道"萨拉姆"。"萨拉姆"是阿拉伯语，其意为"和平""平安"。一个人用手掌扶胸，身体微躬，两眼目视对方，一方先问道："萨拉姆里空（愿真主赐福于你）。"对方也用同样动作回答："外艾来里萨拉姆（愿真主也赐福于你）。"

◀ 见面礼仪

然后双方握手,再行寒暄。如果一方是熟识的领导或是年长之辈,另一方在问候时,双臂下垂,两手相靠,表示对对方的尊重。问候毕,开始互相询问家庭成员的身体、生活、子女等情况。如果一方说一切都如意时,对方要做出祝福的回答。现代青年男子见面时只握手、问好,有些动作可视情况省去。

> **知识链接** 按照伊斯兰教习惯,说"萨拉姆"时,应注意以下几点:进门的向门内的人先说"萨拉姆";站着的向坐着的人先说"萨拉姆";行走者向停立者先说"萨拉姆";年轻人向年长者先说"萨拉姆";知识少的向知识多的人先说"萨拉姆"。听到有人向自己说"萨拉姆",必须立即以"萨拉姆"答之。如一群人听到有人说"萨拉姆",至少须有一人回答。以下场合不说"萨拉姆":别人诵读《古兰经》时不宜打搅;在房中赤身沐浴时不宜说;在厕所及其他污秽之地不宜说。

女性之间的礼节 女性之间的礼节亦带有浓厚的民族特色。年龄大的或长时间未见面的两名女性见面时,脸颊相贴,拥抱,然后互致问候。有文化的青年妇女见面时握手即可。经常见面的妇女不握手,只问候"亚克西姆兹思",意为"您好"。晚辈见长辈时不握手;年龄大的主动问候年纪小的:"亚克西姆兹思,孩子!"对方可回答:"亚克西姆兹思。"

男人和女人见面时的礼节 过去传统习俗规定,男女互相见面时,不准握手,只问候。如果家中只有女人时,男客不得轻易入内。现在的男女之间则不受这些旧俗约束,可以握手问候。

贴面礼 ▶

往来礼仪

人际交往 在人际交往中，维吾尔族也有着自己本民族的禁忌与习俗。一般常去的人家或事务性的拜访无须带什么礼物。如果较长时间未见面、恰逢节日、看望长者、参加婚礼、生日宴、丧葬等，必须带上礼物。女的带抓饭、大块牛羊肉、包子、馕、点心、布料等。女人和男人一般不同时上门。男人一般不带礼品，如果有必要带的话，也只带些糖、水果、瓜等物。做客后的几天，女主人

◀ 待客礼仪

自己或通过孩子，要向客人回赠礼品，如馕、糖等物，数量要比人家送来时的略少，不能超过。否则，会被对方视为不接受礼品。现在城市年轻人送鲜花、果篮、饮品、工艺品等，礼品的变化显示出现代人生活品位的提高，人们更加注重精神方面的需求。

家庭成员之间 维吾尔族家庭中，以前都由母亲或妻子做饭，并为丈夫或孩子盛饭、端饭。现在已有了很大改变，有进步意识的现代家庭则能实现男女平等，共同分担家务劳动。在现代城市中，男人做饭、带孩子的现象大有人在。

接待客人 维吾尔族热情好客。家庭中有尊贵客人来，必以手抓羊肉、拉面等美味佳肴款待，但做客时的礼节是很有讲究的。来了男客，女人不直接给客人端饭，由自己的丈夫去端，女人一般不露脸。女客不和男客同桌吃饭。男客由男主人接待，女客由女主人接待。对汉族等其他民族的客人则不拘这些礼节。现在一般是男女主人一起出来招待客人。

在家中待客，要请长者或尊贵的客人在靠近壁炉的首席就座；当客人进屋时，年幼的则起立致意后方可落座；上炕时，要求跪坐，禁忌双腿伸直，脚底朝人。接受礼品和捧茶请饮时，要双手去接，单手接受物品被视为缺乏礼貌。

邻里相处 维吾尔人十分讲究邻居间的和睦相处，相互帮助。家里做了好饭，左邻右舍间常互相赠送品尝。一家有红白喜事，邻居们少不了争相帮助，走远路的陌生人路过村落，遇到困难，维吾尔人总会慷慨帮助，不会让他饿着肚子上路。

人生习俗

摇床礼

就像每个庭院有座馕坑一样，摇床也是维吾尔族人家不可或缺的生活用品。摇床，维吾尔语称"比须克"。婴儿出生40天后都要睡在其中，就像母亲的第二怀抱。摇床由床腿、床帮、护栏、床板和连杆组成，用铆眼、榫头连接。因为是固定在弧形条木上，可使其左右摇动。年轻的母亲一边做着针线活，一边轻轻摇几下摇床，不用多久，孩子在母亲悠扬的摇篮曲中，进入梦乡。

摇床 ▶

在维吾尔族人聚集的地方，睡摇床有专门的礼仪，也就是"比须克托依"。凡是"托依"都带有喜庆色彩，"比须克托依"其实就是摇床上的喜事，类似于汉族人过满月，欢欢喜喜，其乐融融。都说孩子的出生日，就是母亲的受难日，所以摇床礼含有庆贺产妇康复和婴儿步入人生的双重意思。

这种礼仪邀请一些女宾和儿童参加。当婴儿被放入盛有温水的澡盆之时，每个小客人都会舀一勺水，轻轻浇在婴儿身上。之后，女宾们轮流怀抱着婴儿，在亲切呼唤着婴儿名字的同时，各自献上一段美好的祝词。

取名

维吾尔族孩子出生三天或七天，就要举办命名仪式。一般由孩子的父母请来有声望的人士，或毛拉（伊斯兰教学者），或亲

> **知识链接**
>
> **男子人名** 阿里木（学者）、哈拉汗（伟大的汗王）、阿迪里（追求公正者）、哈里克（创造者）等。
>
> **女子人名** 阿依（月亮）、坎曼尔（月亮）、祖合拉（金星）等。
>
> **以圣人名起名** 皆为男子人名，如：穆罕默德（买汗买提、买买提为两种不同的叫法，意思均为被永恒赞颂者）、伊不拉音（服从真主者）。
>
> **以圣母名取名** 皆为女子人名，如：阿瓦罕（蓝天、深绿色）、玛力亚木（祈祷者、苦涩的）等。
>
> **以宗教词语起名** 男子人名较多，如：斯拉木（服从、即伊斯兰）、阿不都肉索里（圣人的使者）、伊玛尼（信仰）等。
>
> **以植物起名** 多为女子人名，如：罕古丽（蝴蝶花）、热娜（月季花）、热依罕（紫罗兰）等。
>
> **以日月起名** 古时维吾尔人崇拜日月。男子人名较多，如：奎尼（太阳）、奎尼吐艾迪（太阳出来了）等。
>
> **以孩子出生的顺序起名** 男子人名，如：艾克帕尔（大儿子）、亚库甫（第二个婴儿）、艾合坦木（最后一个儿子）、坎吉（最末的）等。女子人名，如：热比安（第四个女儿）、哈蒂曼（最后一个女儿）等。
>
> **以孩子出生的时间起名** 男子人名，如：吾守尔（伊斯兰教教历一月）、赛盘尔（伊斯兰教教历二月）等。女子人名，如：阿孜娜（星期五）、纳哈尔（白天）等。
>
> 此外，维吾尔族父母也把自己的心愿、爱当作一种希望给孩子起名，如：库尔班（牺牲）、库来西（战斗）、艾尔肯（自由）、美丽克（公主）、阿迪力（公平）等。如：库尔班（牺牲）这样的人名后附加上阿依（月亮）、古丽（花儿）、克孜（姑娘），便成女子人名。
>
> 新中国成立后，许多人为孩子起名呈现出新的文化景观，其中以男子人名为多。如：阿扎提（解放）、艾尔克（自由）、艾孜买提（好汉）。在男子人名后加洒（伟壮、古老）、巴依（富翁）等表示敬称。在女子人名后加古丽（花儿）、尼莎（女士）等表示敬称。

戚中的长辈，为孩子起名。起名仪式开始后，孩子父母和起名者共同商量好要给孩子取的名字，主人用便餐（一般只用包子、汤饺等三四种饭食）宴请客人。餐毕，将包裹在漂亮襁褓中的婴儿交给起名者，起名者对着孩子的右耳念段"艾赞"（给婴儿命名时诵读的祈祷文），对着左耳说声"你的名字就叫×××"，将孩子搁在拜毯上慢慢翻几个滚儿，然后抱起交到父亲手中。这时，在座的人便向孩子表示祝贺："你的名字就叫×××。"自皈依伊斯兰教以来，人们用阿拉伯语、波斯语为孩子取名的逐渐多起来。

> **知识链接** 据维吾尔族学者考证，维吾尔人采用过的单人名字约8 500个（其中古代的近500个）。名字的来源多种多样，含义五彩缤纷，呈现出一种独特的文化景观。名字寄托着父辈对孩子的期望和祝愿。

维吾尔人的全名，由本名和父名组成，本名在前，父名在后，没有专用的姓。本名与父名之间用间隔号，如"艾尼瓦尔·萨迪克"。在文字材料和书面上用全名，一般场合中仅称本名。

割礼

维吾尔族的割礼源于伊斯兰教的生活礼俗。维吾尔族称割礼为"逊奈提"或"海提那"，将割礼仪式称为"逊奈提托仪"或"海提那托仪"。割礼原为阿拉伯半岛古代居民的习俗，后被伊斯兰教沿袭，随着伊斯兰教的传入，被维吾尔等信仰伊斯兰教的民族接受，并逐渐成为维吾尔族的一种习俗。

维吾尔族进行割礼的时间一般是在单月，孩子的岁数也要求是单数，如5岁或7岁。为了伤口愈合得快，多在春秋季节进行。

维吾尔族把割礼看作是人生中的一件大事，割礼仪式非常隆重。这天，人们在屋顶上敲起纳格拉鼓，吹起唢呐，像过节一样热闹，亲朋好友、乡邻带着礼物前来祝贺。在进行割礼前，男孩儿的父母要给他准备新衣服、新被褥、新枕头等。有些地区在举行割礼仪式前一天，受割礼的孩子穿上漂亮的新衣服，在村里同龄小孩的陪同下，骑着马走亲串友，痛痛快快地玩一天，并通知他们参加割礼仪式。亲朋好友要送衣服、衣料、腰巾等礼物给男孩儿，并给骑的马头上挂满了各种颜色的布条。手术前后仅用一分多钟，等男孩儿感觉痛疼准备哭喊时，忙把剥好皮的鸡蛋塞进男孩儿的嘴里，堵住孩子的哭声，等孩子吃完鸡蛋，剧痛早已过去了。割礼后，男孩儿卧床休息几天，受到特殊的照顾。

如今农村牧区仍然保持这个习俗，城市维吾尔人的割礼在传统的基础上有了一些变化，大多数家庭请医生给孩子施行割礼术，割礼仪式也通常在割礼以后举行。

婚姻习俗

维吾尔族实行一夫一妻制，在青年男女成亲之前，都要经过提亲和定亲仪式，反映了维吾尔族对婚姻的慎重。

提亲

一般来说，男方家长不能单独去提亲，而要请一位德高望重的长者陪同一起去，或是请亲属一起去，这样女方家才会接待，并认为有人郑重其事登门提亲，感到光彩，会非常高兴。提亲

接亲
▼

时，男方要准备给姑娘一套质量较好的衣料、一些盐、方块糖和5个馕（有的地区带7个或9个馕）作为见面礼。礼品中的盐和馕都含有深刻的意义。

男方向女方家提出攀亲的要求后，女方一般不马上答复，要和家人与女儿进行商量，并对男方家的情况进行调查和了解，如果同意，即答复男方，若不同意，也要通知男方。假若答应了这门亲事，则要把这门亲事公开，青年男女便可以来往，进行"合法"的恋爱，增进相互间的了解。维吾尔把这种提亲的程序称为"拜西馕塔西拉西"（试探）。提亲被同意后，紧接着是准备彩礼和举行定亲仪式。

> **知识链接** 按常规，男方家准备的彩礼要有：姑娘的四季服装一至两套；还要有头巾、大衣、毛衣、鞋、袜和耳环、戒指、手镯、手表等装饰品。另外，还要给姑娘的父亲做一件大衣，母亲一件连衣裙，准备给姑娘的兄弟姐妹、妹夫、嫂子或弟媳的衣料。家庭陈设的家具，也要男方承担。女方陪嫁的东西主要有：洗衣机、地毯、被褥、枕头、床单、桌布、窗帘、皮箱、木箱等。由于双方的经济条件不同，彩礼和陪嫁的东西也有所不同，随着生活水平的提高，彩礼中又增加了一些电器设备和其他高档商品。

定亲

彩礼准备好后要选择吉日举行定亲仪式。这天男女双方各要请50名左右的客人，其中女客占到80%以上，个别男客都是亲属

新娘过火堆 ▶

或亲朋好友以及德高望重的男宾，所以说定亲主要是妇女们的活动。

定亲仪式在女方家举行。这天，男方要为女方家带去一至两只羊（经济条件好的也有带一头牛的），羊或牛是由专门的人牵去。羊头上要系红绸带，女方家要给牵羊人赠送衬衣或其他礼品，以示谢意。这只羊当天宰杀，供待客用。同时还要带馕、茶叶、冰糖、水果糖、方块糖、饼干、点心、大米、清油、面粉、洋葱、黄萝卜以及姑娘用的化妆品等。在定亲仪式上，女方要做抓饭或是库尔达克来招待客人。男方要在客人面前宣布给女方家的彩礼清单。宣布清单的人是专门聘请的，他以说唱的形式，向众人介绍每件彩礼的产地、质量、性能、规格等。同时在介绍每件彩礼时，还要把彩礼举起来，让大家过目。一般地说，介绍彩礼的人，口才比较好，他可以把一般的东西，说得天花乱坠，讨得女方家人欢心，男方家人满意。因为彩礼的数量和质量关系着姑娘的身价和男方家的诚意，所以宣布清单的人也特别卖力。事后，男方家人还给他赠送一定数量的礼品。

女方家陪嫁的东西，也要在当天展出，也要请一位"三寸不烂之舌"，给大家过目，并介绍每件嫁妆。同时，女方家也要给未来的女婿做一套衣服，并从头到脚"武装"起来。另外还得给亲家和亲家母各准备一套衣服的衣料。

在城市的定亲仪式上，除了请大家美食一顿外，还要举行跳舞、唱歌等娱乐活动，以示庆贺。农村的定亲仪式，一般不搞娱乐活动，但有的地区也搞一些传统的娱乐活动。

定亲仪式结束后，便商定迎亲的婚礼，维吾尔语称"穷托依"。双方商定吉日后，正式举行婚礼。定亲之后，双方不得违约。但有时在彩礼问题上或是青年男女不同意父母做主的婚姻，也有违约的情况。但违约者必须退赔彩礼和承担经济损失。这时，双方家长还得找中间人进行调解，直到双方认可接受时为止。

婚礼

亲历现代城市的维吾尔族婚礼，你会深深地体会到传统与现代、庄重与热闹、神圣与亲切在维吾尔族婚礼中的和谐并存。维吾尔族是一个性格热情奔放而又虔诚遵守宗教及传统礼俗的民

祝福新人

族,这一点在他们的婚礼上体现得最为明显。

婚礼仪式在女家举行,主持由阿訇担任。在念完一段《古兰经》后,主持会分别问新郎、新娘是否愿意与对方结为伴侣,得到肯定的回答,阿訇接着拿出两块维吾尔族的面饼,请新郎、新娘各吃一块。这两块饼是蘸过盐水的,咸得发苦,但两人一定要吃下去,象征将来夫妇终生同甘共苦,忠于爱情的决心。新娘离家出门后,按习俗,沿途的乡里乡亲可在半路上"拦驾"。这时新郎要把右手放在胸前向众人频频施礼,给孩子散发喜糖,才能通过。

新娘到了男家,男家门口点燃一堆火,新娘到后,其中的客人用一根火把在新娘的头上绕三圈,然后新娘向每位客人赠送礼物,接着绕火堆几圈,驱鬼招福,就可以进入新房。这个程序过后,新郎的朋友及宾客就唱起喜歌,享用喜宴上的各式糕点和手抓羊肉、抓饭,客人们吃得越多,主人越高兴。喜宴过后,大家打起手鼓,弹起都塔尔和热瓦甫,跳起欢快的舞蹈。新郎、新娘会被邀请单独表演一段舞,气氛随之推向高潮。一个星期以后,新婚夫妇要带着礼物回门探亲,娘家为小两口准备甜酱和美味的抓饭,祝福新人。

丧葬习俗

维吾尔族的葬礼是非常庄重的礼仪习俗。由于维吾尔族信奉伊斯兰教，因此葬礼都是按伊斯兰教教义举办的。维吾尔族的丧葬习俗包括哭丧、报丧、洗尸、亡礼、埋葬仪式、服丧等习俗。

丧葬特征

土葬 直接将尸体放入土中（不用棺材），因为穆斯林认为人是由真主用泥土做的，所以直接放入土中，意思为入土为安。

速葬 亡人三日之内必葬，不择时日，不问风水。早上去世，下午埋葬，下午去世，第二天中午之前埋葬，为了防止尸体腐烂。

不允许用任何物品做陪葬，这一点体现了维吾尔族简朴的一面。

丧葬流程

祈祷求真主宽恕 在维吾尔族民间，当医院下达病危通知书时，家属就会想办法把弥留者带回家里，认为死在医院是不吉利的。当弥留者送回家里之后，家属会邀请阿訇到家里来念经。阿訇会用小木勺往弥留者的嘴唇上滴清水，其寓意是滴了清水的死者可以进天堂。要是死者没有滴清水就被人们认为这个人去的不干净，会被拒天堂门之外。如果弥留者是福寿双全的老人，其儿孙要把家里擀面用的白布（苏铺位）放在老人身旁，将老人的手印印在白布上，意思是将福大寿长的好运留住，并传给子孙后代。

◀ 抬灵柩

洗尸、裹尸 在入葬前会进行洗尸仪式，也就是用干净的温水洗涤身体三次。男子的尸体是由社区德高望重的人或者"穆安津"（清真寺负责讲解经书的人）来洗，女子的尸体是由长女来洗。洗尸仪式由家族中德高望重的人参加。洗尸前要剔除毛发，而且给死者洗尸的人要在腰上缠一块白布。七窍塞上香料和樟脑。洗尸结束之后，还要给尸体裹上白布（裹尸布）。男子裹三层，女子裹五层。女子的第四层裹在胸部，第五层裹在两大腿和臀部。

赎罪仪式 尸体处理好后，将尸体放在"塔吾提"（清真寺通用的抬尸架）上，由四个青年男子抬送到清真寺参加赎罪仪式（妇女和小孩儿不可以参加）。参加葬礼的男性家属，都要在腰间系上白布（类似于孝带）。赎罪仪式由阿訇主持，念经，致悼词。其主要内容是死者一生的经历和功绩，也就是称赞死者是一位虔诚的穆斯林，并且由所有参加葬礼的人来念经祈求真主保佑，愿死者安息。

墓葬 ▶

口头鉴定 死者入土前会给死者做一个"口头鉴定"，主要形式是，由长子或者其他至亲问阿訇："我的父亲或者某某是怎样的一个人？"阿訇会讲一套说辞，主要是以称赞死者生平为主。长子也可以问其他亲属这样的问题，人们则从各个角度评价死者，主要以奉教的表现上为主。然后，长子还会问亲属死者生前是否有欠大家的钱，其目的是为了让死者安息。最后，将死者放入一个宽一米、深两米的坑里，每人抓一把土放在尸体上，表示与死者诀别。

丧歌哭唱 在维吾尔族民间，都有专门哭丧的妇女。她们只要听说附近谁家有丧事，就会赶来协助。她们不但善于言辞，擅长哭唱，而且熟悉葬礼流程。丧歌的曲调是固定的，但是内容却有所不同，主要以死者的生平为主。她们的声音哀婉动人，给人以十分悲痛的印象，渲染了气氛。

祭奠活动 当死者去世的当日、3日、7日、30日、40日和周年都要举行祭奠活动（乃孜尔）。其主要活动内容是邀请阿訇来家里念经，并邀请家属来家里做客。祭奠的饭食主要是抓饭，饭前饭后都要念经祈祷（杜瓦）。祭奠活动中，不允许饮酒、吸烟、高声说笑。来家里做客的人都会带3个馕、砖茶、方块糖、白布作为礼物送给死者的家属。年祭之后一般不再举行乃孜尔了。

栽白杨树 维吾尔族还有一个在坟丘上栽白杨树的习俗。人们把这个活动称为"栽哈达"。每年会不定期地栽种新的白杨树，被称为"换哈达"。换哈达一般是传统节日的早晨。人们会以这样的方式来祭奠、悼念和缅怀已亡的祖先。

节庆习俗

维吾尔族传统节日有肉孜节、古尔邦节、诺茹孜节等。维吾尔族十分重视传统节日，尤其以过古尔邦节最为隆重。

因伊斯兰教历比公历一年少10天左右，所以，肉孜节和古尔邦节的时间是不固定的，会出现春、夏、秋、冬四季都有肉孜节和古尔邦节的现象，甚至一年内出现两次同一节日现象，相比之下，诺茹孜节的时间是比较固定的，时间在每年公历3月21日前后，相当于农历春分时节。

肉孜节

肉孜节即开斋节，"肉孜"一词是波斯语，意为"斋戒"。阿拉伯语则为"尔德·菲图尔"，意译为"开斋节"。开斋节，顾名思义，就是庆祝斋月期满的日子。按照伊斯兰教教规，每个成年的穆斯林都要在伊斯兰教历的九月封斋一个月。在封斋期间，白天禁止一切饮食烟火，必须在日出前和日落后进食、吃喝。封斋被伊斯兰教认为是一种功德，虔诚的穆斯林在白天滴水不进。在封斋期间，白天除禁止饮食外，还要禁绝房事，要眼不观邪、口不道邪、耳不听邪、脑不思邪。当然，封斋也有例外，生病的人和在旅途中的人，斋期可以不封斋，但事后必须补斋。

古尔邦节

时间在伊斯兰教历的十二月十日，即开斋节后第七十天。这个节日源于阿拉伯一个古老的传说故事：相传一位名叫易卜拉欣的先知，曾经夜梦安拉要他亲手杀死自己的儿子伊斯玛仪，以示其忠诚。翌日晨，易卜拉欣便将伊斯玛仪带到米那山谷，正当他举刀欲杀时，安拉派天使送来一只羊，并对他说，安拉已知他的诚意，要他用这只羊代他的儿子伊斯玛仪做牺牲。所以，这个节日又被称为"宰牲节"。按要求，每到古尔邦节这天，家家户户都要宰一只羊，宰的羊作为节日期间与亲朋好友同享的美餐。

这天清晨，男人们都要聚集到清真寺做礼拜，跪拜的人们从寺内延伸到街道上，人山人海，盛况空前，蔚为壮观。礼毕人们即去上坟，上完坟后，回家宰羊。然后走亲访友，互相道贺。在节日期间，人们着新装，无论男女老少，个个喜气洋洋，或成群结队互相拜年，或结伴上街游玩。在农村，有些地方还举行"麦西来甫"歌舞活动，体育竞技活动，常见的是摔跤、赛马和赛驴。

诺茹孜节

"诺茹孜"一词来自波斯语，意为"春雨日"，即波斯古太阳历每年三月二十一日。鄯善维吾尔族称"沙拉"。相传这一天白天和黑夜一样长，正值我国农历的"春分"。每到这一天，人们要举行祭祀仪式，向祖先和神灵献祭品，并举行庆祝活动。关于诺茹孜节，有许多美丽的传说：据说人们在信仰伊斯兰教之前，崇拜天地等神，这个节日的来历和天上的星座有密切的联

▸ "诺茹孜"饭

系。他们认为，白羊星是造福人类的主神，而双鱼星则是人畜的病源。"春分"这一天恰好是双鱼星降落，白羊星升起的时候，人们选择这个时辰过节，将会带来幸福和吉祥。所以"诺茹孜"也有"送旧迎新"的含义。按照传统习惯，在诺茹孜节这天，要穿上节日盛装，相互拜节。各家各户都要做"诺茹孜"饭。

禁忌习俗

维吾尔族人不吃未诵真主之名宰杀的牲畜，不吃自死的牲畜，不吃未放血的牲畜及猪肉等。如果来客，要请客人坐在上席，摆上馕、各种糕点、冰糖等，夏天还要摆上一些瓜果，先给客人倒茶水或奶茶。待饭做好后再端上来，如果用抓饭待客，饭前要提一壶水，请客人洗手。吃完饭后，由长者领作"都瓦"，待主人收拾完食具，客人才能离席。吃饭时，客人不可随便拨弄盘中食物，不可随便到锅灶前去，一般不把食物剩在碗中，同时注意不让饭屑落地，如不慎落地，要拾起来放在自己跟前的"饭单"上。共盘吃抓饭时，不得将已抓起的饭粒再放进盘中。饭毕，如有长者领作"都瓦"，客人不能东张西望

待客礼仪

或立起。吃饭时长者坐在上席,全家共席而坐,饭前饭后必须洗手,洗后只能用手帕或布擦干,忌讳顺手甩水,认为那样不礼貌;吃馕时不可将馕的背面朝上。禁止穿袒胸露背和短小的衣服,上衣一般要过膝,裤腿达脚面,最忌户外着短裤。维吾尔族的住宅大门忌朝西开。亲友相见要握手互道问候,然后双手摸须,躬身后退一步,右臂抚胸;妇女在问候之后要双手扶膝躬身道别。接受物品或饭茶等要用双手、忌用单手。

吃饭或与人交谈时,忌擤鼻涕、打哈欠、吐痰;未经主人同意不得擅自动用主人家的物品。到别人家去,一定要让年长的人先进门;新婚夫妇的洞房忌随便闯入;见到门上挂有红布条,表示妇女分娩或小孩出疹子,忌外人入内。不要和妇女开玩笑。在公共场合忌光着上身,更不能穿着背心、裤衩到别人家里去。忌背后议论别人的短处。禁止在住地附近、水源旁边、墓地、清真寺周围和果树下面大小便、吐痰或倒脏水。禁止携带污浊之物进入墓地和清真寺;禁止在墓地附近修建牲口棚、厕所,不许牲畜在墓地内乱跑,不许从墓地上取土。不得用自己的水桶或罐子在水井或涝坝内打水,要先用公用水桶打水,然后倒入自己的桶或罐内。北疆地区,禁止在长辈面前讲诙谐或揶揄的语言。

维吾尔族路遇长者或宾朋,要恭立道旁,右手放在心口并鞠躬,手按胸部中心,向前倾斜30度,口称"萨拉木艾来孔"(祝您平安)。平时说话要让长者先说,走路让长者先行,落座时让长者坐上座。来客,全家出迎,而后女主人托盘端上茶水敬客;老人吃饭或到别人家做客,要做"都瓦"。

去维吾尔族家庭中做客,坐的时候不能将腿伸直,吃馕时要掰成小块吃,主人敬你熟羊头时,你要割下一块羊腮肉放在自己碗中表示领情,再割一只羊耳朵给主人家的孩子(表示小孩子听话),最后再恭敬地将羊头奉还。

◀ 宰羊

维吾尔族有许多禁忌,这些禁忌伴随着他们信仰的宗教及长期的生活习惯而沿袭下来。

第四章
信仰文化

维吾尔族先民信仰过萨满教、摩尼教、景教、祆教（拜火教）和佛教，10世纪以后改信伊斯兰教。

宗教信仰

维吾尔族先民信仰过萨满教、摩尼教、景教、祆教（拜火教）和佛教，10世纪以后改信伊斯兰教。965年，中亚地区伊斯兰教的萨曼尼王朝，把伊斯兰教传入新疆的喀喇汗国，后分两路向内地传播。南路沿大戈壁入叶尔羌（今新疆莎车）并继续向东伸展，北路由喀什传播到阿克苏和库车等地。约15世纪，遍布新疆南北各地。也就是说，最迟到16世纪，散居在博尔塔拉的维吾尔族已信仰伊斯兰教。穆斯林每日做礼拜，每周星期五举行一次聚礼（主麻礼拜），每年开斋节（又称肉孜节）和古尔邦节（又称库尔班节或宰牲节）举行会礼。礼拜前必须按规定小净或大净。

图腾崇拜时期

维吾尔族先民与世界上许多民族的先民一样，在原始时期，对大自然中的许多现象及生长的万物无法理解，总认为有某种神灵起作用，因而便有了对这些自然现象的崇拜。现在维吾尔族虽然早已信奉了伊斯兰教，但还保留了不少自然崇拜，即原始宗教的遗迹。

吐鲁番古城 ▶

古代维吾尔人对日、月的崇拜在现代维吾尔族中仍有留存。如，朝太阳方向吐唾沫、大小便等都认为是罪过，一旦出现日食，人们敲打锅盆，或做布施、诵经，祈求太阳及早恢复原形等等。月亮在古代维吾尔人的心目中占有重要地位，他们往往以月亮的盈虚变化为准，安排自己的活动，因而产生了对月亮崇拜的观念。据文献记载，维吾尔族先民曾有礼拜月神的习俗。现代维吾尔族中仍留存视月亮为神圣的遗俗，因崇尚、喜爱月亮，人名、地名中亦多用"月亮"一词。

古代维吾尔人对苍天、群星怀有神秘、喜爱的感觉，逐渐认识到星辰移动的规律，借以安排狩猎、游牧、农耕活动，认为星辰位置的变化预兆着人间的祸福，由此产生了对天体星辰崇拜的观念。至今一些人仍认为地上有一个人，天上即有代表他生命的一颗命星；那颗命星陨落，他就死了。在民间诗歌中，常把自己的心上人比作星星。日常生活中人们也常用星辰的名字给女孩子命名。

古代维吾尔人以植物为衣食来源之一，视它们为"神圣"的。特别是对树木的崇拜，把它们看作自己民族的始祖。《亦都护高昌王世勋碑》《世界征服者史》《乌古斯汗》和《神树母亲》等中外史料，都有反映维吾尔族树木崇拜的记载。在现代维吾尔族中，仍然存在着崇拜树木及其他植物的遗俗，如院里、田边、路边的独树、特别的树，不允许砍伐；人患了病，或妇女不孕，或有其他什么祈求，在某些"圣树"上挂各色布条，以求吉祥；对农作物，特别是粮食、面食尤为崇敬，不许踩踏；用布片包上植物的茎叶、籽儿，做成符箓，念几句咒语，挂在小孩儿的脖子上、或腋下、或摇篮上，以祛疾除病，等等。

维吾尔族至今把食盐视为圣物加以尊敬，求其保佑。这不仅是因为它在生活中不可缺少，更重要的是维吾尔人深信盐具有一种超自然的、与人们的命运处处相关的神力。

前伊斯兰教时期

在信仰伊斯兰教之前，维吾尔族历史上还曾信仰过萨满教、祆教、道教、摩尼教、景教、佛教等多种宗教。

萨满教 维吾尔族祖先曾信仰过萨满教，"萨满"一词为满-通古斯语，因满-通古斯语族各部落称巫师为"萨满"而得名。萨满教作为一种宗教信仰，虽然为维吾尔族后来所放弃，但它的影响还一直保留到今天。维吾尔族民间为人驱邪治病、占卜、解梦、相面的"巴克西"和"皮尔洪"，也就是古时候的萨满，他们为人祛病消灾时跳的"皮尔洪"舞，实际上就是古代的萨满跳神舞。

塔里木河

祆教 祆教即"琐罗亚斯德教"，我国俗称"拜火教"。祆教在波斯萨珊王朝定为国教之后，开始向西域传播，大约在公元前4世纪传入新疆地区。回鹘自漠北西迁后，亦同时崇奉祆教。唐代以后，祆教在新疆虽呈衰落之势，但一直到伊斯兰教传入新疆后，祆教才退出历史舞台，其遗风仍然存在于维吾尔族民间。如新郎、新娘结婚这天要跳过或绕过火堆以避邪气，可能就是祆教遗风。

道教 维吾尔先民信仰道教的历史大约可以追溯到5世纪。从吐鲁番、哈密等地区出土的道教文物看，5世纪道教确已在高昌维吾尔先民中传播。经唐至宋元，西迁的回鹘中已有不少人信仰道教了。

摩尼教 摩尼教是伊朗古代宗教之一，由伊朗人摩尼所创。该教在6世纪—7世纪时传入新疆，并进而传入当时尚居住在漠北的回鹘部落中，于762年之后成为回鹘的国教。回鹘西迁后仍一度保持摩尼教信仰，不仅大兴摩尼教寺院，而且以回鹘文大量译写摩尼教经典。直到15世纪伊斯兰教传播到吐鲁番地区以后，摩尼教才在维吾尔族中逐渐消亡。

景教 基督教之聂斯脱利派，为叙利亚人聂斯脱利所创建，与基督教正统教义大相径庭，创始人被逐，其信徒在受迫害而逃亡中将该教派传播到东方，并由新疆传到内地。宋末元初，景教在维吾尔族中发展到十分兴盛的地步，维吾尔族聚居区域景教教堂广有分布，并同本地民族风俗相融合。

佛教 维吾尔族的佛教信仰是在回鹘西迁之后接受的，并且逐渐渗透到维吾尔族的政治、经济、文化等各个领域，成为维吾尔族当时主要的宗教。此前佛教早已盛行于西域。新疆境内的龟兹、疏勒、于阗、高昌是佛教活动的中心，产生了辉煌的佛教石窟艺术文化，出现过鸠摩罗什、佛图澄、裴慧琳等著名佛学大师。作为维吾尔族先民的回鹘人在西迁之后受到佛教广泛、深刻的影响。皈依佛门的回鹘人用回鹘文书写了丰富的佛教典籍文献，并与内地佛教文化发生密切的联系。元代，西迁的畏兀儿人中更出现过阿鲁萨浑里、迦鲁纳答思、安藏、必兰纳识里、全兰八哈石等著名佛教高僧和森古萨里等佛经翻译大师。

> **知识链接** **鸠摩罗什**（344—413），音译"鸠摩罗什（耆）婆"，略称"罗什"或"什"，意译"童寿"。中国佛教四大译经家之一。父籍天竺，出生于西域龟兹国（今新疆库车）。博通大乘、小乘。401年入长安，409年与弟子译成《大品般若经》《法华经》《维摩诘经》《阿弥陀经》《金刚经》等经和《中论》《百论》《十二门论》《大智度论》《成实论》等论，系统介绍龙树中观学派的学说。译经总数《出三藏记集》作35部294卷，《开元释教录》作74部384卷。著名弟子有道生、僧肇、道融、僧睿，人称"什门四圣"。

伊斯兰教时期

伊斯兰教在维吾尔族中的传播、发展已有一千多年的历史。伊斯兰教早在唐代即开始传入新疆，大约在15世纪，伊斯兰教最终取代其他各种信仰，成为维吾尔族全民信仰的宗教。从此，伊斯兰教对维吾尔族的经济、政治、文化和生活习俗等方面，均产生了深远的影响。

信仰伊斯兰教的维吾尔族群众大多数人属于正统的逊尼派，只有一部分人信仰苏菲派教义，在新疆称为依禅派，此外还有少数人信仰什叶派教义。在宗教信仰活动上，各派一直保持着不同的宗教主张、仪式和特征。维吾尔族信仰伊斯兰教，主要表现在信仰者的思想、行为都要严格以《古兰经》《圣训》和其他宗教经典为准则。他们笃信安拉和安拉的使者穆罕默德，相信安拉是宇宙万物独一无二的万能的主宰，严守"沙里亚"（伊斯兰教教法），相信末日和未来，注重五功（念、礼、斋、课、朝）。对维吾尔族教徒来说，清真寺是"神圣"的地方，是宗教组织活动的中心。除了做礼拜外，清真寺还兼作社会活动场所，维吾尔族地区到处都可见到建筑漂亮、宏伟的清真寺。在新疆，尤其是在维吾尔族聚居的南疆，大大小小的清真寺遍布城乡。

伊斯兰教活动

清真寺是维吾尔族教民活动的地方，称"玛奇特"，一般在居民比较集中的地方都有清真寺，以村落、街巷为单位自然组成一个清真寺的教民。为方便行人在路途中的需要，在乡村路边建有较小的清真寺。在市民中心或市场最繁华的地方建有规模较大的清真寺，一般是礼"主麻拜"。宗教活动是维吾尔族信教民众的一项重要活动，其五项活动是教民必须做到的。

礼拜

维吾尔族信仰伊斯兰教，至今保持着宗教礼拜的习俗。他们每天要做5次礼拜，分别在黎明、中午、下午、黄昏和夜晚。平时礼拜一般在自己的家里做，也有到清真寺去做的。每周五午后在清真寺举行一次集体"主麻拜"。每年分别在肉孜节和古尔邦节举行两次会礼，并且在斋月的每个夜晚都要做礼拜。在礼拜之前，必须淋浴，称为"大净和小净"。大净要洗全身，小净只洗手、脚、脸，摸头、净下即可。用水擦洗叫"水净"。在没有水的地方，可以土代净，即把两手在地面上拍一拍，摸摸脸，搓搓手，也表示了"净"的意思。

在清真寺做礼拜是件严肃的事情，在进入大殿之前，必须脱

> **知识链接** 为什么在做礼拜前要进行"大净""小净"呢？据伊斯兰教教义的说法，人是污秽的，真主是圣洁的，做礼拜的人只有把身上洗净，才表示对真主的虔诚，真主才能接受其跪拜。

鞋，不许擤鼻子、吐痰、放屁。参加礼拜的人必须戴帽子，面朝圣地麦加的方向跪在地毯或毡子上，由身着传统教服、头戴伊斯兰帽的"伊玛目"（教长）带领做站立、赞颂、鞠躬、叩头、跪坐等动作。然后聆听"伊玛目"宣讲教义。礼拜毕，大家相互问候之后，便一一离去。为了使信仰伊斯兰教的维吾尔族群众礼拜方便，在每个城市都有较大的清真寺，城镇以及巷子中也有规模较小的清真寺。除此以外，在野外的戈壁滩或公路旁，也有用土墙围起来的简陋礼拜点，维吾尔族称"依登米吉提"（孤独的清真寺）。这种礼拜点无人管理，主要是给路上的人提供祈祷的方便。但有时，到了做"乃玛孜"（祈祷）的时候，无任何清真寺，他们就席地而跪，面朝西方认真地进行祈祷，完成自己的功修。

封斋

封斋，又称"斋戒""把斋"，伊斯兰教的五大宗教功课之一。按照伊斯兰教的教义，每一位成年健康的穆斯林在这个月里，必须履行斋戒的义务。在斋月期间，穆斯林从黎明开始到日落不吃不喝进行封斋，除了患病者、年迈体弱者、智残者、旅行者、幼童、孕妇、哺乳妇、产妇以及作战的士兵外，成年的穆斯林必须严格封斋，同时，不行房事等。封斋是伊斯兰教的先知穆罕默德由麦加迁移到麦地那的第二年八月规定的。伊斯兰教教历规定每年九月是教徒斋戒的月份，是最尊贵的月份，这是因为在"斋月中真主开始降示《古兰经》，指导世人，昭示明证，以便遵循正道，分清真伪"。

斋月的开始和结束都以新月牙的出现为准，伊斯兰教教长在清真寺的宣礼楼上遥望天空，如果看到了纤细的新月，斋月即开始。由于看到新月时间不一，不同伊斯兰国家进入斋月的时间也不完全一样。同时，因为伊斯兰教教历每年约355天，与公历相差10天左右，所以斋月在公历中没有固定的时间。在这个月里，

知识链接 斋月是指伊斯兰教教历的九月，阿拉伯语叫"拉马丹"。伊斯兰教关于斋月最早的正式规定，始于623年。《古兰经》第二章第183、184、185、187节等对此都有记述。真主的使者穆罕默德也说："拉马丹月是真主（安拉）的月份，它贵过一年中的任何一个月。"

穆斯林人人应当争先为善，戒绝为恶。不封斋的人，不得当众吃饭。面对封斋者故意吃饭，被视为一种罪过。

> **知识链接** **天课** 伊斯兰教法规定，凡有合法收入的穆斯林家庭，须抽取家庭年度纯收入的2.5%用于赈济穷人或需要救助的人，又称"济贫税"。在伊斯兰国家，天课一般在每年年底之前抽取，其评估标准和征收办法依据先知穆罕默德生前训令制定。穆斯林的天课制度有异于其他赋税制度的地方在于，无论施舍、救济金或赈济品等都无法表达天课的非政府征收性质，它不是随意捐助的赠金，而是人类为获得真主的喜悦而自我约束、自我奉献的一种神圣行为。

麻扎朝拜

"麻扎"是新疆伊斯兰教圣裔或知名贤者的坟墓，为阿拉伯语音译，原意为"晋谒之处或陵墓"，指圣徒的墓地。"麻扎"的外观和附属建筑都有所不同，一般由圆顶型的墓室、礼拜寺、罕尼卡等组成，墓室四周竖有许多长木杆，用作挂布条、马尾、羊皮、羊角、牛尾等物。"麻扎"多为庭院式建筑，有圆拱形顶部的高大墓室，以及礼拜殿、塔楼和习经堂等附属建筑，并拥有大量土地、房屋、商铺等产业。管理人称"谢赫"，另有"伊玛目""穆安津"主持宗教活动，经文教师负责宗教教育。

新疆地区有名的"麻扎"有喀什的"阿帕克霍加麻扎"（香妃墓）、阿图什的"苏图克·布格拉汗麻扎"、英吉沙的"乌尔德麻扎"、吐鲁番的"阿尔发达麻扎"、霍城的"秃黑鲁帖木儿汗麻扎"等，主要分布在天山东南部，沿塔里木盆地南缘和帕米尔塔什库尔干一带。维吾尔族认为"麻扎"具有神圣的地位和超凡的力量；每个穆斯林都应该对它朝拜，祈祷埋葬于"麻扎"中的圣徒的灵魂帮助自己，以获得今生和来世的幸福；只要对"麻扎"进行了朝拜，就能获得精神上的解脱，并且万事如意。

"麻扎朝拜"在维吾尔族生活中也占有一定的地位。在穆斯林最集中的南疆地区，尤其是农村，"麻扎朝拜"尤为盛行，已经成为穆斯林宗教生活的一项重要内容。朝拜者相信"麻扎"具有神性，并把朝拜"麻扎"视为一项宗教功修，认为能够代替去

哈密回王墓

麦加朝觐。凡路经"麻扎"的行人一般都要停下来,面对"麻扎"祈祷。从"麻扎朝拜"祈祷的内容和形式看,一个共同的特点是祈求神灵的佑助,以求神灵佑助免除灾祸和祈求幸福、祈求应验、祈求降雨、祈求赐子、祈求解除病痛等。

"麻扎朝拜"实质上是坟墓崇拜、祖先崇拜和多神崇拜的遗留和发展,是伊斯兰教与维吾尔等民族原始宗教信仰的传统文化相结合的产物。

第五章
教育与典籍

维吾尔族是我国具有高度历史文化和很早使用文字的民族之一。维吾尔族在历史上曾使用突厥文、回鹘文、察合台文。文字的使用为维吾尔族的教育与文化典籍提供了支持。

维吾尔族有丰富的古典文学遗产和优秀的文学传统，流传至今的有《乌古斯可汗传》《福乐智慧》《突厥语大辞典》《真理的入门》等。在维吾尔古典文学中，出现了不少优秀的作品和著名诗人。

语言文字

维吾尔语

概况 维吾尔族是中国具有悠久历史文化和很早使用文字的民族之一。维吾尔语属于阿尔泰语系突厥语族西匈语支，在漫长的历史长河中几经变化，不断吸收其他民族的词语，逐步形成。随着伊斯兰文化的渗透，维吾尔族逐步使用了以阿拉伯文字为基础的现代维吾尔文字。维吾尔语历史悠久，在发展过程中不断吸收波斯语、阿拉伯语、突厥语和汉语等，同时对古代蒙古语、哈萨克语、乌孜别克语、吉尔吉斯语等民族语言的发展做出过一定的贡献。现代维吾尔语是在古代维吾尔语的基础上发展起来的语言，其词汇丰富、语音柔和、表达能力强。

语言特点 维吾尔语与乌孜别克语、土耳其语、哈萨克语、柯尔克孜语等语言属于同一语种。现代维吾尔语有32个字母，其中有8个元音字母，24个辅音字母。基本上每一个字都有3个形体，以词句中出现的前后位置不同而写法略有差别。现代维吾尔文是以阿拉伯文字为基础拼写的文字字母，所以文字从右向左读写。维吾尔语的书面写法和口语表达之间差别不是很大，但是也有个别词语在书面表达和口头说法之间有一定的差别，往往是口头连贯而简化音节。维吾尔语以乌鲁木齐语音为标准语音。

维吾尔文

维吾尔文指维吾尔族使用的拼音文字。维吾尔族在历史上曾使用过突厥文、回鹘文、察合台文。现代维吾尔族使用的维吾尔文，是在晚期察合台文基础上形成的以阿拉伯字母为基础的拼音文字。20世纪30年代以后维吾尔文经过几次改进，最近的一次是在1983年。

突厥文 7世纪—10世纪，突厥、回鹘、黠戛斯等族使用的拼音文字，又称"鄂尔浑-叶尼塞文"，通行于鄂尔浑河流域、叶尼塞河流域以及新疆、甘肃境内的一些地方。突厥文各种文献中所用字母数目不一，形体多样，由38个~40个字母组成，其中4个字母代表元音，其余字母代表辅音。通常是由右向左书写，词与词之间一般用两点隔开。迄今发现的重要的突厥文碑铭有《阙特勤碑》《毗伽可汗碑》《暾欲谷碑》《回鹘英武威远毗伽可汗碑》《九姓回鹘可汗碑》等。

◀ 毗伽可汗碑

回纥文 又称"回鹘文"，是古代回鹘人创造和使用的一种文字，它主要是在回鹘西迁新疆后使用。从9世纪末到15世纪，回鹘文在中亚、新疆等地广泛使用。回鹘文有19个~23个字母，字母写法不定型。其中5个字母表示元音，2个字母表示半元音，其余表示辅音。早期回鹘文由右向左横写，后来改为由上向下竖写。字体分印刷体和书写体，书写体又分楷书和草书两种，楷书用以书写经典，草书用以书写一般文书。古代回鹘文文献留存到现在的有很多，除了著名的《福乐智慧》《乌古斯可汗的传说》《真理的入门》等外，还有明代的《高昌馆来文》和用回鹘文翻译的《金光明经》《大唐三藏法师传》《两王子的故事》《五卷书》《伊索寓言》等，以及近几十年来在甘肃敦煌和新疆哈密、吐鲁番等地发现的大批宗教经典、碑刻、雕版印刷品和契约等。

▲《高昌馆来文》书影

察合台文 13世纪—20世纪30年代操突厥语的民族使用的文字，它是采用阿拉伯字母拼写突厥民族语言的音素文字，因通行于察合台汗国而得名。这种文字采用了28个阿拉伯字母和其他一些辅助符号，并从波斯文中借用了4个字母。行文由右往左横写。字母分单写、词首、词中、词末4种形式。现存文献资料十分丰富，包括文史哲、政法、医药、天文、地理等方面内容，对研究维吾尔、乌孜别克等突厥民族的历史和文化有重要价值。

维吾尔文 维吾尔族现在使用阿拉伯字母的拼音文字。现行的维吾尔文是在晚期察合台文的基础上参照其他突厥语民族的文字改进而成的。1937年对察合台文进行改革，制定出以32个阿拉

维吾尔文
字母表 ▶

伯字母组成的字母表，遂使一个字母代表一个音位，言文趋于一致。1954年再次改革，制订了正字法。这套字母共有30个，其中4个圆唇元音由2个字母表示。1965年开始推行过拉丁字母的维吾尔文，有33个字母，其中元音字母8个，辅音字母25个，1976年开始正式使用，其后两种文字并用。1982年9月，新疆维吾尔自治区决定全面使用阿拉伯字母的文字，而拉丁字母的文字则只作为一种拼音符号保留。

现代维吾尔文是察合台文的延续，也是以阿拉伯文为基础拼写的文字，所以是从右向左读写。维吾尔语书面写法和口语读法之间有一定的差别，往往是口头发音连贯而将音节简单化，这也是书面语和口语的差别。维吾尔语有三种方言，中心地区方言、和田地区方言和罗布泊方言，其中以中心地区方言为标准语，称为"维吾尔语普通话"。但方言之间的区别不大，主要是在音调和个别词语上有一点区别，在相互交流时没有什么大的障碍。

民族教育

宗教教育

公元前1世纪，佛教经克什米尔首先传入新疆于阗（今和田地区）。不久，又经中亚传入疏勒（今喀什地区）。此后，佛教沿着丝绸之路南北两道传播到且末、若羌、莎车、叶城、库车、阿克苏、焉耆、吐鲁番、哈密等塔里木盆地周围各个绿洲。到4世纪—5世纪时，佛教已成为新疆的主要宗教，进入其发展的鼎盛阶段。

佛教教育的内容由浅入深，在进行识字教育之后，学习的内容不仅有宗教内容，还有训诂、工程技巧、医药针灸、逻辑伦理等。佛教寺院教育中，教师就是寺院的主持高僧，学生便是小沙弥和僧众，教材就是佛经。这一教育体系在南疆延续到16世纪。佛教寺院教育对维吾尔族文化教育等各方面产生了深远的影响。

乌鲁木齐伊斯兰教经学院

从10世纪开始伊斯兰教在新疆逐渐取代了佛教，以喀什为中心在新疆广泛传播，成为维吾尔族人民的主要宗教信仰。同时，在清真寺里附设的伊斯兰教经文学校教育也成为维吾尔族教育的主要形式。传统的经文教育是一种个别施教的教学制度，它以伊斯兰教经文为主要教学内容，教学管理落后，教学方法比较死板，这一教育体系一直延续到19世纪下半叶。清朝末年，新疆"有穆斯林的地方就有清真寺，有清真寺的地方就有经文学校"，宗教教育仍然是当时的主要教育形式。天山南北维吾尔族聚居的地区，清真寺遍布城镇乡村各个角落，而经文学校与它们并立而行。经文学校教育分为"迈德力斯"和"迈克泰甫"。

"迈德力斯"作为伊斯兰教的高等学府，设在较大的城市，数量不多。在喀什、莎车、库车、和田、伊犁和塔城等一些中心城市，都建有比较大的"迈德力斯"高等教育学校。例如，在19世纪阿古柏侵占时期的艾提尕尔礼拜寺，就有可供400名学生学习经文的近百间教室和宿舍；莎车的加曼礼拜寺建有可供2 000名学生学习经文和食宿的房屋；库车的默拉纳"额西丁麻扎"建有一座可供500人食宿和学习经文的大型经文学校；伊犁的"拜图拉"、塔城的"克孜尔"等清真寺附设的经文学校也很有名。这类经文学校由专职的宗教教师授课，学习更深一些的宗教知识。

"迈克泰甫"是初等教育，设在村镇和穆斯林居住区的中小清真寺内，也有的设在教师家中，类似于私塾。迈克泰甫主要针对儿童和青少年等文化水平较低者，学习阿拉伯语言文字和基本的经文知识，例如，伊斯兰教仪式、祈祷文之背诵与解释、阿拉伯字母、《古兰经》选读、《苏巴河拉亚尔》（宗教诗）、《那哇夷》（宗教诗）、《和甲哈皮斯》等，全部学完方可毕业。成绩优异者可升入迈德力斯继续学习。然而，能进入高级宗教学校就读的人寥寥无几。

经文教育在知识结构上，偏重于宗教知识，而轻自然科学知识和社会科学知识。尤其是在为数众多的迈克泰甫中，除了读写认字和宗教知识外，几乎学不到其他知识，而且大量的学习内容是以死记硬背为主，不注重理解。在教学中不许学生独立思考，整个教学过程缺乏生气。

近代教育

维吾尔族文化促进会于1934年8月5日成立，总会设在迪化（今乌鲁木齐）。据统计，到1936年维吾尔族文化促进会共有8个

苏巴什古城

区分会，41个县分会，23个乡村支部，办有小学1 736所，在校生124 174人；中学3所，在校生440人；师范训练班10个，学员535人；会立民众学校115所，在校生4 760人。1936年起，省教育厅还编译、印刷和推广了维吾尔初小和高小的课本，促进了新疆各民族教育发展的统一规范。1935年1月，省府将原俄文法政学院改为新疆学院。1940年秋，新疆学院教育系增招维吾尔族班，次年学院创设农业系，少数民族学员成为农业系招生的主体。经过近半个世纪的努力，新疆地区初步形成包括初等、中等、高等（或留学）和一整套较完整的教育体系。维吾尔族逐步完成了传统经院教育向新式学校教育的转型，初步完成了教育近代化，为新中国成立后民族教育的大发展奠定了一定基础。

现代教育

1949年9月26日，新疆和平解放；1949年10月1日，中华人民共和国成立。在中国共产党领导下，在中央人民政府的关怀下，维吾尔族和新疆各民族教育事业步入社会主义现代化的康庄大道。

奠基阶段（1949—1965） 1949年新疆刚解放时，少数民族教育形式主要是小学教育，受教育的人数非常有限，少数民族文盲达90%。1953—1957年是我国第一个五年计划时期，新疆少数民族教育事业得到协调、稳定的发展。1955年，新疆维吾尔自治区成立，根据党的民族政策，新疆少数民族教育事业走上了更具有民族特色的道路，比如开始进行双语教育基础性工作；对课程进行调整，学习进修更多的外语；1956年，新疆人民教育出版社成立，小学改为统一的五年制学制，使用统一的教材；采取多种形式发展少数民族学校教育；对少数民族教育事业实行财政倾斜；开始进行民汉合校试验。上述一系列措施有力地促进了新疆少数民族教育事业的发展，到20世纪60年代中期，新疆少数民族现代教育的基础已经奠定。

挫折阶段（1966—1976） 在维吾尔族的教育发展得如火如荼的时候，十年动乱给新疆少数民族教育造成了巨大的损失。1966年7月到1968年，新疆各学校相继停课"闹革命"，搞大串联，进行派系斗争，刚刚起步的双语教育实验被迫停止，一批牧区和半农半牧区寄宿小学停办,民族教育事业处于瘫痪状态。从1974—1976年,"批林批孔"和"反击右倾翻案风"等运动,又使教育制度遭到破坏。因此,在整个"文化大革命"期间,新疆的少数民族教育出现了一次明显的停滞发展时期。

恢复与重建阶段(1978—1992) 1978年12月,党的十一届三中全会召开,新疆少数民族教育进入了恢复时期,少数民族教育质量低的问题开始引起重视,新疆普及小学教育的工作得到了进一步的发展。1988年5月,《新疆维吾尔自治区义务教育实施办法》通过后,新疆普及初等教育的工作开始同实施义务教育工作接轨。同时,新疆的扫盲工作从1987年以后开始从简单的识字、记账转向进一步学习实用技术。到1992年为止,新疆的"两教"工作基本完成。牧区教育的办学形式也已经形成多样化的局面,基本上解决了广大牧民子女上学难的问题。"马背小学"逐渐成为历史。新疆少数民族高等教育在发展过程中始终得到教育部和内地高校的大力支持。在政府的帮助下,新疆双语教育重新走上正轨;高等教育也得到了很快的恢复和发展;从1986—1992年,新疆少数民族的职业技术教育有了一定的发展;农村教育综合改革也开始起步。1988年6月,自治区教委、计委等单位联合下发了《关于我区职业中学教育中若干问题的决定》,对发展新疆的职业技术教育做了全面、详细的规定,从而有力地推动了新疆职业技术教育的发展。

深化改革与全面发展阶段(1993年至今) 1993年,《中国教育改革和发展纲要》发布以后,新疆少数民族教育进入了深化改

新疆大学 ▶

革与全面发展的新阶段。在这一阶段中，新疆主要是实现"两基"目标，提高教师队伍的学历和素质，开展对外交流，并进行了一系列的教育教学改革。"改革"成为这一阶段新疆少数民族教育发展的明显特征。

进入20世纪90年代中后期，为了合理利用教育资源，教育部门按照集中办学、就近入学的原则，调整中小学布局，新疆又逐渐开始新一轮民、汉合校（班）的尝试，据2000年统计，全区有461所民汉合校的中小学，在经过连续几年的大规模师资培训后，新疆中小学教师的政治思想素质和教学业务能力都有明显提高。根据新疆少数民族在人口分布上呈大杂居、小聚居，片状分布的状态，经过长期摸索，结合当地的实际，新疆的双语教育逐步形成了自己的模式：1. 长期单一保存的双语教学模式。2. 长期并行保存双语教学模式。3. 过渡双语教学模式。在发展少数民族教育的过程中，自治区始终贯彻《中华人民共和国民族区域自治法》中民族平等的原则，保障各民族使用本民族语言文字的权利。据2000年统计，全区使用少数民族语言授课的普通中学有872所，占51%；小学有81所，占68.2%。新疆在这一阶段还进行了许多其他方面的教育改革，包括招生考试制度的改革、办学和管理体制的改革，课程结构和教学模式的改革以及教师住房制度的改革等等，皆卓有成效。

2001年，新疆开发的少数民族文字处理软件有10多种，特别是"新疆2000"多文种图文排版系统，这些系统软件的成功研制和使用，使我国少数民族语言信息的处理速度大大提高，有力地促进了双语教育、少数民族图书出版和网路化教学的推行。

古籍文献

《乌古斯汗的传说》

《乌古斯汗的传说》是一部流传在古代维吾尔人民中的散文体英雄史诗。它于13世纪—14世纪在新疆吐鲁番地区用回鹘文抄

《乌古斯汗的传说》书影

写的,反映了尚处于游牧氏族部落社会阶段的维吾尔族先民信奉萨满教的原始风气,对苍狼的图腾崇拜,及对周围其他古老部落名称的民俗学解释。史诗通过关于乌古斯可汗南征北战的有声有色的描述,表现了乌古斯可汗的英雄气概和赫赫战功,表达了各突厥游牧部落要求联合统一的愿望。

此书不仅具有很高的文学价值,而且为研究维吾尔族及其他操突厥语民族的古代历史、宗教、民俗、语言等提供了极为宝贵的资料。

《福乐智慧》

《福乐智慧》是维吾尔族古典长诗,原名为"赐予幸福的知识"。11世纪维吾尔族诗人、思想家、政治活动家尤素甫·哈斯·哈吉甫撰。维吾尔族11世纪中期富于哲学思想的文学著作。《福乐智慧》是约定俗成的译名。作品采用中世纪诗歌中的玛斯纳维(双行诗)形式,以阿鲁孜格律中的木塔卡尔甫韵律写成。全书

> **知识链接**
>
>
>
> **尤素甫·哈斯·哈吉甫** 喀喇汗王朝伟大的思想家、学者和诗人。1018年出生于喀喇汗王朝西都八刺沙衮(又称"虎思斡耳朵",今吉尔吉斯斯坦楚河南岸),后来生活和创作于喀喇汗王朝的又一政治文化中心喀什噶尔。小时候为求学来到喀什噶尔,就读于皇家伊斯兰经文学院,在所有知识领域内都取得了很高造诣。
>
> 尤素甫·哈斯·哈吉甫对自己所处的政治、经济和社会环境进行了深刻的观察和研究,并根据自己多年收集的丰富素材,于1069—1070年间在喀什噶尔写出了举世闻名的《福乐智慧》。他把这部长诗献给了当时的东部喀喇汗王朝大汗哈桑·本·苏来曼。大汗对作者极为赞赏,随即封尤素甫为"哈斯·哈吉甫",意为"亲随侍卫官""皇上的近臣""皇上的谋士"。尤素甫·哈斯·哈吉甫于1085年与世长辞,遗体先安葬于今日喀什市多来提巴格乡东南部土曼河畔,后因墓地遭洪水于1130年迁至现址(喀什市体育路南侧)。

尤素甫·哈斯·哈吉甫陵墓

共85章，另有3首箴诫诗，共13 290行（不包括后加的序言）。成书于1069—1070年。

《福乐智慧》意为"赐予幸福的知识"，其主要表述治国之理与作者自己的哲学和道德思想；以独特的方式，塑造四个人物形象：国王"日出"，大臣"月圆"，月圆之子"贤明"，大臣的族人、修道士"觉醒"，以优美而易懂的词汇分别向人们表达了"公正""幸运""智慧""知足"（一作"来世"），反映当时劳动人民企望统治者持法公正、抑制贪欲，使百姓得以休养生息、和平安宁的愿望，给予统治者以公平公正为核心，建立一个理想王国的建议与忠告。《福乐智慧》与唐太宗遗著《帝范》虽不属于同一时代的作品，但其思想与之相似。

《福乐智慧》结构完整、篇幅宏伟，很像一部诗剧。它是用纯粹的维吾尔语写成的第一部大型文学作品，并且成功地引进了阿鲁孜韵律，对后世维吾尔诗歌的发展有较深刻的影响。语言丰富、流畅，音调铿锵，既具有形象美，又具有音乐美，是当时已臻于成熟的维吾尔文学语言的典范作品。

《福乐智慧》流传至今的有3个抄本：一为维也纳本，于1439年在赫拉特城用回鹘文抄成，现存维也纳国立图书馆；一为开罗本，用阿拉伯字母抄成，现存开罗凯迪温图书馆；一为纳曼干本，又称费尔干纳本，比较完整，约抄写于12世纪末—13世纪初，现存乌兹别克斯坦科学院东方学研究所。

新中国成立后特别是近些年来也加紧了对《福乐智慧》的整

理研究。1979年出版了汉文节译本，1984年5月又出版了由回鹘文转写而后又译成现代维吾尔文的全本，1986年10月又出版了由拉丁字母标音转写的汉文全译本。对《福乐智慧》及其作者的研究，目前在我国已初步形成一个有完整体系的"福乐智慧学"。1986年9月和1989年10月曾两次在《福乐智慧》的诞生地——喀什市召开了我国福乐智慧学术讨论会；1989年初，在喀什又专门成立了福乐智慧研究学会。1984年，民族出版社出版了新疆维吾尔自治区社会科学院民族文学研究所主编的拉丁字母原文转写和现代维吾尔语诗体译文合刊本。2015年1月18日，举行《福乐智慧》汉语诵读版首发仪式，以盘配书的新形式出版古典文学名著，则是数字化时代的新举措，诗作以有声读物的新形式出版发行，将掀开一个"阅读—听诵"的历史新篇章。

《突厥语大辞典》

11世纪，新疆喀喇汗王朝维吾尔族伊斯兰学者麻赫穆德·喀什噶里编写，于1071—1073年（伊斯兰教历464—466年）在巴格达用阿拉伯文写成，1074年，经修订后献给阿拔斯王朝第二十七任哈里发穆克塔迪。全书用阿拉伯字母标音、注释，共收词7 000多条，按词的语言结构分为8卷，每卷分静词和动词两部分，各部分的词按语音结构的类型及阿拉伯字母的顺序排列。

该书通过丰富的语言材料，广泛地介绍了喀喇汗王朝时代维吾尔和突厥语系各民族政治、经济、历史、地理、文化、宗教、哲学、伦理方面的知识和风土人情。序言概述了突厥语的重要性、编纂该书的目的、资料来源、体例、突厥语的构词法、回鹘字母、突厥各族的语言特点。该书标明了喀喇汗王朝的疆域，记述了相邻突厥语系各民族以及邻国的地理名称，详细记载了较大的城市、村镇、交通枢纽、山川河流，并附有突厥语系各民族分布地区的圆形地图。

《突厥语大辞典》书影

知识链接 麻赫穆德·喀什噶里 （1008—1105），突厥语学家、哲学家。全名伊本·穆罕默德·本·侯赛因·麻赫穆德·喀什噶里。

为了把灿烂辉煌的突厥-维吾尔文化介绍和传播到伊斯兰世界，他于11世纪60年代末，来到当时伊斯兰文化的中心巴格达（今伊拉克首都），在1072—1074年间，用阿拉伯文编纂出全世界第一部《突厥语大辞典》，并献给了当时阿拔斯王朝的"哈里发"穆克塔迪。1080年从巴格达返回故乡喀什噶尔，从事学术研究和教育工作。晚年的麻赫穆德·喀什噶里回到故乡喀什噶尔，在乌帕尔担负经文教师职务，并在这里去世。在自治区人民政府的重视下，麻赫穆德·喀什噶里的陵墓被列入区级重点保护文物，并重建了他的陵墓。

◀ 麻赫穆德·喀什噶里墓

在条目释文中，除关于语音、词义的演变、语法结构及例句外，还收入了大量成语、谚语、民歌、诗歌、格言、哲理警句、轶闻掌故等，包含有丰富的哲学思想内容，体现了维吾尔和突厥语系各族人民对宇宙及人生、宗教、社会道德准则等问题的见解。该书还将突厥语语言学、语法学、词汇学及方言学的材料，同阿拉伯语、波斯语进行了比较说明，开创了古代比较语言学研究的新方法。全书条理清晰，结构完整，所记载的史料可从中国汉文史书及有关东方学家的著作中得到印证，堪称是一部当时最完备的简明百科全书式的巨著。

该书不仅对突厥语的研究极为重要，而且是研究喀喇汗王朝的历史、地理、民族、宗教、民俗和社会情况的珍贵文献，是反映喀喇汗王朝伊斯兰文化兴盛时期的代表作。该书原稿失传，现存唯一手抄本是1256年由穆罕默德·伊本·艾布·巴克尔抄写的，藏于土耳其伊斯坦布尔民族图书馆。1928年译为德文，1941年译为土耳其文，1963年译为乌兹别克文，并相继部分地译成了阿塞拜疆、哈萨克、土库曼文。1981—1984年，新疆人民出版社出版了该书的现代维吾尔语全译本，在国内外广泛发行。

《真理的入门》

该书又称为《真理的献礼》。艾合买提·尤那克（1110—1180）著。共14章，512行（包括按语中的3篇诗）。采用阿鲁孜韵律中的木塔卡里甫格律，以喀什话写成。主要阐述维吾尔等突厥民族的伊斯兰教伦理学，含有丰富的哲学思想。现存有回鹘文的撒马尔罕甲本、回鹘文和阿拉伯字母的维吾尔文合璧的伊斯坦布尔乙本、阿拉伯字母的维吾尔伊斯坦布尔丙本。有新疆人民出版社1981年汉译本。

该书主要阐述维吾尔等突厥语民族的伊斯兰哲学及伦理思想，寓意深刻，韵律优美，富有哲理性。书中的引子部分为赞颂安拉德行及伊斯兰教义的诗篇，正文主要阐述穆斯林应尊奉的道德准则及修身处世之道。在宇宙观上，作者认为只有真主是永恒的，宇宙万物为真主所造化，日月星辰与时间围绕大地轮回运转，人类及万物都在真主的主宰下不断运动。

《弥勒会见记》

《弥勒会见记》是维吾尔族第一部戏剧文学，该原始剧本残卷1954年在新疆哈密县一座古房废地中发现。据有关专家考证，剧本叶，由圣月菩萨大师依据印度原本译成古代焉耆语。

由智护法师从古代焉耆语翻译为突厥语。《弥勒会见记》共分28幕。第1幕为序幕，第2~26幕为正文，第27幕为尾声。第1幕，即序幕的内容为：佛教教义的说教、宣讲。第2~26幕正文，主要描写了未来佛弥勒的不平凡的一生。《弥勒会见记》的场景安排紧凑，结构严谨，贯穿过渡自然。语言古朴典雅，对话具有个性特征，富于动作性。塑造了释迦牟尼、弥勒、跋多利婆罗门、王阿那律、摩诃罗倪等

《弥勒会见记》剧本残叶

有血有肉，活灵活现，栩栩如生的人物形象，具有引人入胜的艺术魅力。《弥勒会见记》作为演出剧本来说，写作技巧已发展到一定高度，与现在舞台剧演出本十分接近。它能把人物对话和舞台指示用不同颜色的墨色标写区分开来。在《弥勒会见记》中，每幕前都用红墨标写出了演出该幕的场景说明和人物的神情、动作等。

《弥勒会见记》不仅是我国维吾尔族的第一部戏剧文学作品，同时也是我国民族现存最早戏剧文学作品。在我国文学、艺术发展史上占有重要的地位，对后世的戏剧艺术的发展，产生了深远的影响。

《伊米德史》

该书为记述清代新疆社会历史的著作。历史学家毛拉·穆萨·沙依然米著，成书于1908—1909年。全书由前言、两章正文和结束语组成，约50万字。前言扼述突厥部落的形成、突厥诸可汗、成吉思汗及其后裔。第一章记述新疆农民反清起义爆发的原因、库车农民暴动的始末、暴动迅速扩及全疆的过程。第二章记述浩罕入侵者阿古柏的出身和生平，阿古柏同布素奴克汗等入侵新疆经过，他们血腥镇压喀什、英吉沙、库车、和田等地的农民暴动的事件，阿古柏以"七城政权"名义同英国、沙俄勾结，进一步占领吐鲁番、乌鲁木齐，给新疆各族人民带来的劫难，以及清军在各族人民配合下击溃阿古柏，重新统一新疆等。结束语、附录有南疆6城（乌什、阿克苏、喀什噶尔、叶尔羌、英吉沙、和田）居民概况，维吾尔族族源及作者本人的有关资料。本书对研究维吾尔族史，特别是伊斯兰教在维吾尔族生活中的作用和影响具有重要价值，手抄本为察合台文，1986年民族出版社出版了现代维吾尔文本，新疆维吾尔自治区古籍整理办公室已将其译成汉文。

《伊米德史》书影

知识链接　毛拉·穆萨·沙依然米（1836—1917），所著《伊米德史》和《安宁史》作为察合台文历史名著，深得当今维吾尔学界的重视，被视为研究维吾尔族、新疆历史的重要参考资料。

第六章
民间文学与艺术

　　维吾尔族是一个能歌善舞的民族，被誉为《东方音乐瑰宝》的十二木卡姆，是勤劳的维吾尔族人民智慧的结晶，是中华民族文化宝库中的珍贵遗产。十二木卡姆从诞生、发展到成熟，已有两千多年的历史。它以其鲜明的民族特色、高超的艺术成就、丰富的思想内涵而举世瞩目。"麦西莱甫"是维吾尔族最喜爱的一种娱乐活动，它是歌与舞密切结合、诗与乐相得益彰的一种群众自娱的游乐形式。

维吾尔族是中华民族大家庭中的一员，和其他兄弟民族一起，共同缔造了中华民族光辉灿烂的历史和丰富多彩的文化，为中华民族的繁荣昌盛做出了贡献。维吾尔族人民不仅在音乐、舞蹈、绘画、戏剧等艺术方面，而且在民间口头文学和书面文学方面具有丰富的遗产，尤其是古典文学方面，给后人留下了一笔宝贵的财富。

民间文学

维吾尔族文学具有悠久的历史和丰富的内容，在维吾尔族文化中占有重要的地位，而民间文学又是维吾尔族文学的重要组成部分，其形式多样，有民间故事、民间叙事诗、谚语、笑话、寓言、神话、传说、谜语等。著名的作品就有《艾里甫与赛乃姆》《热比亚与赛依丁》《阿凡提的故事》等。内容广泛，风格多样，有的清幽淡雅，有的瑰丽神奇，有的机智幽默，有的寄寓遥深，大多表现了劳动人民鲜明的爱憎是非观念和顽强、乐观、风趣的民族性格特征。

《阿凡提的故事》书影

神话传说

神话传说是维吾尔族民间文学的一种形式，其内容丰富，极具想象力，情节生动传奇，引人入胜。维吾尔族的神话大多数反映人们与大自然的斗争，对英雄的崇拜，对丑恶的厌倦，对善良的赞许和对美好的追求。在神话传说中，恶势力最终被英雄战胜。在神话中熊、龙、女妖、魔鬼代表恶势力，而英俊少年、英雄勇士、善良少女等在战胜恶势力中往往得到神马、宝剑、宝盆或宝绳以及善良老人的帮助。主要神话有《艾尔肯尧里瓦斯》《英雄艾利库尔班》《天女神创造亚当》《顶地球的公牛》等。

维吾尔族还有很多关于民族英雄、历史人物、崇拜风俗等神话传说故事，比如《乌古斯汗的传说》《塔克拉玛干大沙漠的传说》《西瓜和甜瓜的传说》等。这些传说，反映了维吾尔族先辈的智慧和愿望，对力量的崇敬和对自然的敬畏。

民间故事

维吾尔族民间故事很多，内容也很丰富。大多数故事的主人公是受压迫、受剥削的牧童、樵夫、靴匠、村女等平民百姓。《维吾尔族民间故事精选：明天吃饭不要钱》即是收录维吾尔族民间故事的代表作，包括《山鹰救孔雀》《一群石鸡》《斑鸠脖子上为何有黑项圈》《鸡为什么不能高飞》《戴胜为何是臭的》《麻雀叼羊》《狐狸给雏鸡看病》《公鸡吃大象》《公鸡和狼》等短篇故事，书中还有包括动物故事在内的相当数量的寓言故事，深刻而生动地反映了维吾尔族群众的道德观念和生活哲理，言简意赅，耐人寻味。

民歌

维吾尔族民歌蕴藏极为丰富，就其内容可分为传统民歌和新民歌两大部分，传统民歌包括爱情歌、劳动歌、历史歌、生活习俗歌等类别。新民歌包括劳动歌、习俗歌、情歌、历史歌、木卡姆等类别，如《英雄沙迪尔》《马车夫之歌》《铁木尔海力派之歌》《诺孜古姆》《筑城歌》等。

《艾里甫与赛乃姆》书影

多朗木卡姆

民间叙事诗

维吾尔族民间叙事诗以反抗封建婚姻,歌颂青年男女追求爱情的长诗居多。通过对主人公爱情经历的描绘,反映了人民对压迫阶级的仇恨和追求自由、平等的理想。维吾尔族诗人玉素甫·阿吉根据民间传诵,整理写成的爱情叙事长诗《艾里甫与赛乃姆》,在其中占有重要位置,并成为历代诗人、作家进行创作的重要题材。1980年,由天山电影制片厂在长诗基础上改编的彩色故事片《艾里甫与赛乃姆》,在国内外引起了广泛的影响。这首长诗已成为中华民族文化宝库中的瑰丽珍宝。《赛依提诺奇》《娜芝桂牡》《玫瑰姑娘》这3首叙事诗也具有代表性,在维吾尔族聚居地喀什一带广为流传。

> **知识链接** **赛里木赛乃姆** 新疆阿克苏地区广泛流传于乡村的一种传统的民族民间弹唱艺术形式,是古老的木卡姆的子曲。几个世纪以来,这种乐曲被当地的维吾尔族人广为传唱,形成了独具风格的民族文化。"赛里木赛乃姆"全部唱完需6个小时,由12个曲目、96个唱腔、300余首诗歌组成,是新疆最大的本土赛乃姆。"赛里木赛乃姆"的表现形式主要以热瓦甫、弹拨尔、都塔尔、卡龙琴、艾介克等维吾尔族民族乐器弹唱,众多表演者群起舞蹈,引吭高歌,是最原始、最古老、最纯朴的民间唱腔流派表达形式,不同于和田赛乃姆、喀什赛乃姆、库车赛乃姆。

笑话

笑话是维吾尔族民间文学中一种口头讽刺文学形式,主要特点是语言简练、短小精悍、讽刺性强、幽默风趣、耐人寻味。除了家喻户晓的《阿凡提的故事》外,还有《毛拉再依丁的故事》《赛来依恰坎的故事》以及依沙木创造的笑话。

《阿凡提的故事》是维吾尔族机智人物故事,一系列以阿凡提这个传奇人物为主人公的维吾尔民间幽默故事的总称。阿凡提这个形象,是维吾尔族劳动人民在反抗历代反动统治阶级和封建世俗观念的斗争中塑造出来的一个理想化人物。他勤劳、勇敢、幽默、乐观,富于智慧和正义感,敢于蔑视反动统治阶级和一切腐朽势力。在他身上,体现了劳动人民的品质和爱憎分明的感情,反映了劳动人民的利益和愿望,是一个深为新疆各族人民喜爱的艺术形象。有关阿凡提的故事，数百年来在新疆维吾尔自治区各少数民族中流传，而在维吾尔族人民中更是家喻户晓。这些故事题材广泛，构思奇巧，言简意赅，妙趣横生，大都具有鲜明的阶级立场和劳动人民的是非观念。当然，我们应该记住搜集、翻译、整理再创作，一直在讲述阿凡提故事的维吾尔族著名作家、翻译家艾克拜尔·吾拉木。

作家文学

维吾尔族的作家文学，根据迄今为止的出土文物及考古资料表明，至迟发轫于七八世纪，它大体可分为突厥汗国–回纥汗国文学、高昌回鹘汗国–喀喇汗王朝文学、察合台文学、近代文学、现当代文学等几个历史时期。

高昌回鹘汗国文学

9世纪中叶，西迁的回鹘人中的一支与原先在北庭一带游牧的回鹘部落联合起来，建立了以吐鲁番为中心，东接河西走廊，西至拜城，包括焉耆、库车、拜城、鄯善、哈密及敦煌以东一部分地区的高昌回鹘汗国，当地的古代焉耆人、龟兹人、高昌人、汉人等也逐步融合了进去。城市与贸易进一步得到发展，回鹘书面语随之在新疆及中亚成为通行的语文。

◀ 高昌古城遗址

高昌地处丝绸之路的要冲，是中原文化和东罗马文化、古波斯文化、印度文化的交流荟萃之所。兼之高昌汗国境内，佛教、摩尼教、景教同时并存，因此这一时期的维吾尔文学呈现出兼收并蓄、异彩纷呈的繁荣景象，不仅从汉文、梵文、吐火罗文、藏文翻译了大量佛经以及摩尼教、景教典籍，而且还翻译或改写了许多源出佛教传说、本生故事的文学作品，如《恰希塔尼·伊力克伯克》《哈勒亚木哈拉和帕帕木哈拉》《两王子的故事》《神猴与帕德摩瓦提姑娘》《达尼提·帕拉》等，此外还有《伊索寓言》《圣乔治殉难记》以及《三个波斯僧朝拜伯利恒》等与景教流传有关的故事等，英雄史诗《乌古斯汗的传说》等，此时有了写本或抄本传世。戏剧文学及舞台艺术也开始进入了维吾尔的社会生活，多幕剧《弥勒会见记》的几个抄本的发现可为例证，宋人王延德所撰《使高昌记》对此亦有所记载。

13世纪后，伊斯兰教在新疆全境取得统治地位，高昌汗国时期及其以前创造的大量非伊斯兰文化典籍遭到毁灭性的破坏，现仅从少数幸存作者姓氏的残卷中得悉当时的作家、诗人和翻译家有迦鲁纳答思、阿普林啜特勤、僧古萨利、齐速亚都统、伽琳·凯什、阙达干、阿思黑都统等人。

喀喇汗王朝文学

从漠北西迁的另一支回鹘人与葛逻禄等突厥部族汇合，建立起囊括新疆南部、七河流域及中亚细亚大部分地区的喀喇汗王朝。喀喇汗王朝以伊斯兰教为国教，整个社会生活，包括文学艺术被置于伊斯兰教义及伊斯兰哲学的影响之下。因此，喀喇汗王朝的维吾尔文学，与同出一源的高昌汗国维吾尔文学相比，更多地吸收了阿拉伯-波斯文学的影响，无论在内容、形式、体裁、风格上都别具特色。

喀喇汗王朝遗留下来的重要文学遗产有麻赫穆德·喀什噶里的《突厥语大辞典》、尤素甫·哈斯·哈吉甫的《福乐智慧》、艾哈买提·尤格纳克的《真理的入门》、艾哈买提·雅萨惟的《箴言集》等。

喀喇汗王朝的维吾尔文学，受到伊斯兰教的深刻影响，许多作品都渗透着伊斯兰教义及苏菲主义思潮，生活于12世纪初期的

美丽的喀纳斯湖

艾哈买提·雅萨惟就是苏菲教派的重要代表作家之一,其主要作品为《箴言集》,这部诗集规劝人们摒弃世俗欲念,宣扬返璞归真、听天由命的遁世哲学。喀喇汗王朝后期内忧外患的处境,以及作品语言与口语相近,使其在群众中流传甚广,对后世维吾尔族文学创作也有不容忽视的影响。

察合台文学

13世纪,成吉思汗的进军和蒙古帝国的建立,给生活于新疆及中亚地区的维吾尔人和其他突厥语民族的社会生活带来了重大变化和新的因素。各突厥语民族人民之间的政治、经济、文化联系进一步密切,从而导致了打破方言、地域、统一书面文学语言的形成。高昌汗国并入察合台汗国版图后亦逐步伊斯兰化,至此维吾尔文学合二为一,逐步进入了使用共同书面语——察合台语的新的历史发展时期,即察合台文学时期(13世纪—18世纪)。

这一时期前期的杰出代表作家有拉布乌孜、阿塔依、赛喀克、鲁提菲和纳瓦依等,他们的作品为维吾尔古典文学奠定了坚实的基础。纳斯尔丁·拉布乌孜的《先知传》(又称《拉布乌孜故事集》),属察合台文学早期,它取材于伊斯兰世界广为流传的

第六章 民间文学与艺术

蜿蜒的塔里木河

先知故事和宗教传说,以散文体写成,其中某些抒情写景及阐述哲理的部分穿插诗歌韵文,代表了当时的一种特殊风格。精辟的箴言在短小精练的故事中起着画龙点睛的作用,极富艺术特色。

近代文学

1759年,清政府平定了准噶尔叛乱及大小和卓的叛乱,恢复了新疆与祖国大家庭的统一。新疆与内地的政治、经济、文化上的联系更加密切,不少维吾尔族学者参加了《五体清文鉴》的编纂工作。但是随着清王朝日益走向腐朽没落,清政府派往新疆的官吏与维吾尔族上层勾结在一起肆无忌惮地鱼肉百姓,激起了不断的反抗和起义,这一形势推动了文学进一步与社会现实生活的结合,使维吾尔文学进入了一个直面人生、针砭时弊的批判现实主义的阶段。这一时期中,做出卓越贡献的作家、诗人有尼扎里、古穆纳木、凯兰代尔、萨布里、艾里毕·吐尔都西阿洪、毛拉·毕拉勒、毛拉·玉素甫、毛拉·夏克

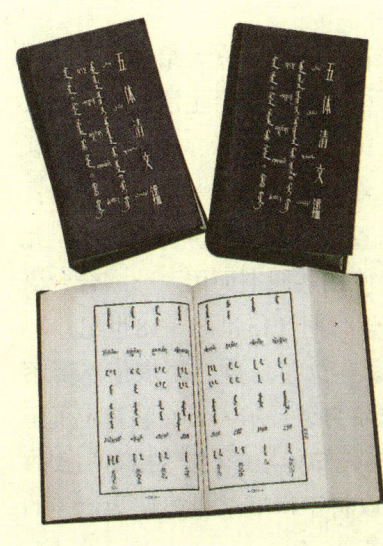

《五体清文鉴》书影

尔和泰介里等。

尼扎里流传至今的作品有爱情长诗《法尔哈德与希琳》《莱丽与麦吉侬》《麦赫宗与古丽尼莎》《热碧亚与赛丁》等12部，哲理长诗《济世宝珠》和抒情诗集《穆罕默斯集》。爱情长诗《热碧亚与赛丁》取材于真人真事，通过这一悲剧，把矛头直接指向了扼杀纯真爱情的封建等级制度和传统观念，极富现实意义。

古穆纳木与凯兰代尔都是优秀的抒情诗人，萨布里与艾合买提夏·哈里哈西则擅于辛辣的讽刺。艾里毕·吐尔都西阿洪把最底层的工匠们的生活纳入自己的创作题材。毛拉·毕拉勒则更有进一步的突破，在其长诗《中国土地上的圣战》中直接描述了伊犁农民暴动及窃取了起义领导权的封建上层与宗教上层内部勾心斗角的斗争；在《诺孜古姆》中塑造了一个被清军流放的英勇不屈的女英雄形象；在《长毛子玉素甫汗》中揭露了一个来自浩罕、自称圣裔、披着宗教外衣、招摇撞骗的无赖典型。这些作品为维吾尔文学进一步走向现实主义奠定了坚实基础。

现当代文学

进入20世纪以后，半殖民地半封建的中国社会阶级矛盾、民族矛盾日益尖锐，十月革命和中国共产党人在新疆对马克思主义的传播，内忧外患的处境和抗日战争的烽火，促使这一时期的维吾尔族文学呈现出一个崭新的局面。许多作家和诗人直接投身于革命斗争，有的甚至献出了宝贵的生命。作为整个中华民族组成部分的维吾尔族誓与祖国共存亡的坚定决心，祖国高于一切、祖国重于生命的炽烈感情在许多作品中得到了明确的体现。阿不都哈勒克·维吾尔、黎·穆塔里甫、尼米希依提、艾里坎木·艾合坦木、祖农·哈迪尔、铁依甫江·艾里耶夫等是这一时期引人注目的代表。其中，尤以维吾尔现代文学的奠基人、旗手黎·穆塔里甫的成就和影响最为突出。他们或以激情洋溢的诗篇，或以催人泪下的小说、剧作，唤起人们对旧世界的憎恨，对光明未来的信念，激励人们为推翻三座大山而英勇斗争。

1949年，中华人民共和国成立，新疆获得和平解放。从此，维吾尔族文学又进入了一个新的历史发展时期。尼米希依提、艾里坎木·艾合坦木、铁依甫江·艾里耶夫、克里木·霍加等，以他

> **知识链接** 黎·穆塔里甫（1922—1945），曾经受到陈潭秋、林基路等中国共产党人和文学大师茅盾的深刻影响，他既是一个才华横溢的优秀作家、诗人，又是一位英勇无畏的坚强战士。他在《五月之歌》《中国》《我青春的花朵就会开放》《中国游击队员》《对岁月的答复》等名篇中，以犀利的笔锋，猛烈抨击日寇的野蛮侵略和反动当局对革命者的迫害，激励人民奋起与一切反动势力作殊死的拼搏，为争取光明、自由、解放的新中国而斗争。诗风豪迈雄浑，气势磅礴。除诗歌外，他还写剧本、小说、散文、文艺论文。这位坚贞不屈的诗人1945年被国民党反动当局杀害于阿克苏狱中，牺牲时年仅23岁。

们绚丽的彩笔，描绘了一幅幅社会主义新生活的图景，许多富有民族特色和时代精神的作品相继问世，为中国多民族的文学画廊增添了风姿。尼米希依提的《思念》《告别了，但永远告别不了》《在时代的讲坛上》，铁依甫江的《祖国，我生命的土壤》《一位老战士的嘱咐》等，都以恢宏磅礴的气势，深沉激越的感情而脍炙人口。克里木·霍加的许多"柔巴依"，短小精悍，深寓哲理。祖农·哈迪尔的小说《锻炼》、剧本《喜事》，则是老作家对新生活的热情礼赞，艾里坎木·艾合坦木创作的长诗《沙婀黛蒂汗》，深刻地揭示了维吾尔人民在封建王公伯克制度下的苦难历史。

近年来，维吾尔族文学的现代化和民族化进入了一个新的阶段。

新疆民族文学原创和民汉互译作品工程出版图书

长篇小说、中篇小说、电影文学剧本这些新文学体裁的作品相继问世，许多老作家、老诗人重新焕发了青春，而更多的中、青年作家不断涌现于文坛。柯尤慕·图尔迪、祖尔东·萨比尔、艾海提·吐尔迪、麦买提明·吾守尔、加拉力丁·拜合拉木、穆罕默德·巴格拉西、艾合坦木·乌买尔、亚森江·沙迪克等在小说创作中已获得令人欣喜的成就。对于古典文学遗产的整理、研究，对于中外名著的翻译介绍，也都已重新蓬勃开展起来，这一切预示着当代维吾尔族文学正在一个更为坚实的基础上向前迈进。

民间美术

麦盖提农民画

维吾尔族民间绘画源远流长，博大精深，是古老的民间艺术形式之一。据帕尔哈提·吐尔逊考证，其源头是原始岩画、壁画、石窟艺术、剪纸、刺绣等民间美术。历史上，维吾尔族先人创造了非常优秀的绘画艺术。当代维吾尔族农民画中，依然能看到古代石窟壁画艺术的影响。

◀ 壁画艺术

1977年，新疆文化厅在乌鲁木齐举办"麦盖提、察布查尔农民画展览会"，这是新疆维吾尔族农民画第一次向公众展示，受到了观众和专家学者的高度重视与好评。同年，画册《麦盖提察布查尔农民画选》由新疆人民出版社出版。从此，那些民间"油漆工"就被称为农民画家了。

维吾尔族"农民们绘画从来不讲究绘画规律，想到哪里画到哪里，画面上也没有比例关系，色彩更是随心所欲，什么色彩最好看就用什么色彩。其至一些农民画师说，他们画的东西是梦境里的东西"。如此独特的画法，让维吾尔族农民画开始受到人们的认可与关注。1978年，麦盖提县农民画师依明·帕里托等画家的7幅作品刊登在《人民日报》上。1983年，《农民日报》又刊登了3幅新疆维吾尔族农民画师的作品。1986年，45幅维吾尔族农民画师的作品在北京美术展览馆展出。1991年，热依木·赛里木的作品《打猎》在《中国日报》和《香港之窗》合办的"国际民间绘画展"上荣获二等奖。2001年，由自治区画院介绍，9幅麦盖提农民画有幸被带去美国纽约参展。2008年，10幅新疆维吾尔农民画作品在美国巡回展览。

▲
麦盖提农民画

维吾尔族农民画是一种传统的民间绘画艺术，它将理想和现实融合在一起，表达农民善良、纯朴而原始的内心感觉。

哈密剪纸

哈密自古以来是西域通往祖国内地的交通枢纽，是古丝绸之路上的重镇，这里曾经是中原文化、希腊罗马文化、波斯文化、阿拉伯文化、印度文化交流荟萃之地。从20世纪50年代起，文物考古工作者对吐鲁番一带古墓群和古城进行发掘整理时，先后发现了各种类型的古代剪纸。在这里出土的北朝（386—581）时期的五幅团花剪纸，是我国目前发现最早的剪纸。在吐鲁番出土的剪纸中，还有很多晋至盛唐时期的纸鞋、纸靴、纸帽、纸钱等。这些发现，不仅为探索和研究我国剪纸艺术的起源提供了可靠的依据，同时它也雄辩地说明，至少在1 700年以前，新疆各少数民族就已经掌握了剪纸这门艺术形式,并且在民间广泛流传。

近年来,哈密地区的美术工作者在对民间艺术的挖掘、研究、整理及创作方面做了大量的工作,其中发展较快,成绩较为突出的首推哈密维吾尔族民间剪纸(以下简称"哈密剪纸")。从1989年开始,他们深入维吾尔族聚居的农村采集、整理民间剪纸,同时在回城、花园等5个乡先后举办九期讲习班。学员全是常年在田地里辛勤耕作的农民,其中年龄最大的60多岁,最小的十七八岁。剪纸艺术家怀着对美的向往与追求和对民族传统文化探索精神,不断地学习、不断地创作,一个"剪纸热"在哈密绿洲悄然兴起。

哈密剪纸最显著的特点是花卉几乎成为他们创作的唯一题材,形成这种特点的首要原因是宗教对绘画艺术的制约。因为伊斯兰教严格禁止偶像崇拜,禁止有灵魂的形象出现在画面中,因此他们在剪纸作品中回避动物与人物,而把着眼点集中在花草树木上。另外一个原因,由于维吾尔族世代居住在被戈壁沙漠分割成的小块绿洲上,严酷的干旱、炎热和风沙、狂暴的寒潮等恶劣的自然环境,使他们对绿色具有一种崇敬之情。因此,花草树木在他们的审美意识中的重要性是世间任何东西都无法相比的。此外,哈密剪纸的用途比较单一,主要应用于专做刺绣的底样。维吾尔族是非常讲究服饰美的民族。维吾尔族妇女几乎都精于刺绣,"花帽花""枕头花""衣边花"与"褂单花"四大类是她们

《哈密民间剪纸》

哈密回王府

刺绣的重点。

　　维吾尔族不论男女老幼，不分春夏秋冬，都喜欢戴小花帽。"小花帽"几乎成了维吾尔族的象征。小花帽不仅是他们的日用品，又是一种馈赠亲友的艺术品，颇具收藏与观赏价值。因此，他们对小花帽花样图案的构思与设计要求很高，花样要求构图多变、款式新颖。有了剪好的底样，加上精心搭配的彩线，才能绣出色彩斑斓的小花帽。"枕头花""衣边花"等也都是这样，事先要有好的花样，这些种类繁多的花样就是巧手的剪纸艺术家创作出来的。他们将自然界中多姿多彩的花形，在写实的基础上通过高度的艺术提炼、概括、夸张、变化而成为具有浓郁乡土气息和强烈民族情趣的图案，给人以美的享受。

　　哈密剪纸中经常出现的花卉有杏花、桃花、鸡冠花、石榴花、馒头花、草菊花等。因为哈密接近内地，受汉族文化的影响比较深，所以在他们的剪纸中也经常运用牡丹、莲花、梅花、佛手等花卉。尽管花的种类千差万别、神态各异，在这些艺术家的剪刀下，不论是俏丽多姿的蜡梅，玉树临风的兰花，还是冠绝群芳的牡丹，一剪下去，随即成形，不仅特点突出，而且非常生动。即便是同样一种花，因为感情的变化或画面的需要，都可以运用多种手法或概括简化，或夸张变形，其艺术效果自然也完全不同，或粗犷拙朴，或精巧秀丽。

　　从形式上看，哈密剪纸的特点是边框与对称图案的有机结合。边框有长方形、正方形、多边形、三角形、扇形等，对称则是，或上下对称，或左右对称，或多层重叠对称。边框与对称，能使画面显得庄重、完整，具有一种韵律感。

民间歌舞

麦西热甫

　　维吾尔族民间大型歌舞集会"麦西热甫"是由歌舞、多种民间娱乐和风俗习惯合为一体的一种娱乐形式。它深受维吾尔族的喜爱，因而广泛流传于民间，起着传授"艺术和风俗习惯的学

麦西热甫

校"的作用。它由维吾尔族先民突厥人的邀众庆贺聚会的古老仪式中衍生而来,经历了相当漫长的历史时代。所以,它吸收了各个时代的特征,从而逐步丰富,发展到麻赫穆德·喀什噶里时代已达到了完善的地步。

"麦西热甫"在维吾尔族民间因地域、内容、规模、形式的不同而多有差异,如喀什的同行间"轮流麦西热甫",季节性的"野游麦西热甫",少女少妇们的"聚会麦西热甫";哈密的"米丽斯"(聚会)和"青苗麦西热甫";伊犁同龄人之间的冬季轮流麦西热甫,河边野游麦西热甫。此外,麦西热甫的种类繁多,如丰收麦西热甫、节日麦西热甫、婚娶麦西热甫、轮流麦西热甫、邀请麦西热甫、道歉麦西热甫、消除成见麦西热甫,等等。在众多麦西热甫当中,以麦盖提地区为中心的"刀郎麦西热甫",集中地保留着维吾尔族古老的麦西热甫娱乐集会的特点及浓厚的民族特色。刀郎麦西热甫可以分为乐曲舞蹈部分、娱乐部分和惩罚部分。

麦西热甫一般先舞后歌，音乐采用"木卡姆"曲调，用刀郎卡龙琴、艾介克、热瓦甫、手鼓和沙巴依等乐器演奏。声调高亢激昂，欢快流畅。歌舞开始时，先由一个人高唱序曲，紧接着男女成对，翩翩起舞，随着乐曲节奏和旋律的变换，舞蹈动作由舒缓转为欢快，场面多有变化，最后众人大多因体力不济而纷纷退下，剩下为数不多的佼佼者受到人们的赞誉。

麦西热甫活动中人们穿上鲜艳的民族服装，载歌载舞，尽情欢乐，一般在节假日、婚庆喜日或迎接贵宾的时候举行。

麦西热甫在内容上十分丰富，除歌舞之外还有诗朗诵、讲笑话、讲故事、表演杂技、乐器合奏、独奏等。娱乐形式中比较著名的有抢"黛莱"（腰带）、献茶和唱民歌。抢"黛莱"表现出参加者在互相抢夺"黛莱"时的机灵、敏捷，气氛十分热烈。献茶或献鲜花和唱歌，联句的娱乐，就是用一对盛水的小碗在全场中众手相传，每一个递碗、接碗的人都要唱一首民歌或联句。如果传递动作失措或将水洒倒，都被"罚"唱歌或说一则笑话。此外，在麦西热甫中还有笑话娱乐形式，如"老虎游戏""做骆驼""两只猫抢肉"等。

麦西热甫有严格健全的纪律，一方面保障每次麦西热甫有秩序地进行，另一方面则以维护当时社会道德规范和风习为目的。因此，每次都要选出公正无私并有一定威望的人为青年首领，"法官"和执行者，破坏麦西热甫秩序者，如不经允许离开麦西热甫现场的、迟到的、歌舞中破坏秩序的、无故不参加轮流麦西热甫的，以及对妇女不尊者将受到"惩罚"。

民间舞蹈

维吾尔族舞蹈继承古代鄂尔浑河流域和天山回鹘的乐舞传统，又吸收古西域乐舞的精华，经长期发展和演变，形成具有多种形式和特殊风格的舞蹈艺术，广泛流传在新疆维吾尔自治区各地。

维吾尔族舞蹈的主要特点是身体各部位的动作同眼神配合传情达意。从头、肩、腰、臂到脚趾都有动作。昂首、挺胸、直腰是体态的基本特征。通过动、静的结合和大、小动作的对比以及移颈、翻腕等装饰性动作的点缀，形成热情、豪放、稳重、细腻的风格韵味。维吾尔族舞蹈，可分为自娱性舞蹈、风俗性舞蹈、表演性舞蹈三类。自娱性和风俗性舞蹈中也带有表演和宗教因素。现流传于新疆各地的民间舞蹈主要形式有：赛乃姆、多朗舞、萨玛舞、夏地亚纳、纳孜尔库姆、盘子舞、手鼓舞以及其他表演性舞蹈。

赛乃姆　自娱性舞蹈。广泛流传在新疆各地，节奏以拍手为主，另有伴唱者的歌声配合渲染。赛乃姆原是古代新疆民间曲调的一种，节奏平稳，旋律优美，适于舞蹈，后来与节奏欢快的曲调"赛勒凯"相结合，形成由慢转快的两段体的舞蹈形式，被收进维吾尔族古典套曲《十二木卡姆》。从《钦定皇舆西域图志》卷40关于回部乐的记载可知，赛乃姆曾是清朝宫廷回部乐中的表演项目。

赛乃姆的表演较自由，无论室内室外均可进行。开始表演前，群众围坐，乐队和伴唱者聚集一处。音乐开始后舞者进场，可独舞、对舞，也可3～5人同舞。舞者随琴声、鼓点由慢到快即兴表演，也可邀请观众同舞。舞至高潮时，观众和着节奏拍手并欢呼助兴。赛乃姆的伴奏乐器有弹拨尔、热瓦甫、都塔尔、萨塔尔、手鼓等。以手鼓掌握舞蹈速度。赛乃姆的地区特点为：1. 南疆，以喀什地区为代表，风格明快、活泼、深情、优美。2. 北疆，以伊犁地区为代表，风格潇洒、豪放、轻快。3. 东疆，以哈密地区为代表，风格平稳、安详、风趣、乐观。习惯上在赛乃姆名称前，冠以地区名称，如库车赛乃姆、和田赛乃姆、伊犁赛乃姆等。

多朗舞　礼俗性舞蹈。以双人对舞为基础，带有竞技性的组舞。流传在新疆麦盖提、巴楚、莎车、阿瓦提等县。"多朗"是居住在塔里木盆地个别地区古代维吾尔人的自称，多朗舞是他们传统风俗活动中的重要组成部分。每逢婚嫁、喜庆日欢聚时，都跳多朗舞。

多朗舞有一套完整的表演程式。舞者必须自始至终跳完整个舞蹈，中途不准退出，观众也不得随便离开舞场。表演时按《多朗木卡姆》的演奏顺序进行。开始时唱散板序歌的部分无舞蹈，其他各部分的舞蹈是：奇克提麦（拍）、赛乃姆（拍）、赛乃凯斯（拍）、赛勒玛（拍）。多朗舞的表演不分男女老少，团团围坐，

多朗舞

鼓声起后,纷纷邀请对手双双起舞,其舞步稳健豪放,随音乐节奏由慢而快。舞蹈由双人对舞转为集体圈舞,又由圈舞发展成双人竞技性旋转表演,动作勇猛、矫健。伴奏乐器有卡侬、多朗热瓦甫、艾捷克、手鼓等。

萨玛舞 风俗性舞蹈。伊斯兰教节日时由男子在广场上集体表演的舞蹈形式。主要流传地区为新疆喀什、莎车等地。"萨玛"原是古代新疆的民间舞蹈,曾盛行一时。伊斯兰教传入后,逐渐演变成节日的群众舞蹈活动。在维吾尔族古典套曲《十二木卡姆》形成时,萨玛舞被收在歌舞组曲"麦西来甫"的开始部分。至今,在肉孜节、古尔邦节时,人们依然喜欢聚于寺院前的广场上跳萨玛舞。

主要乐器为铁鼓和唢呐。其舞蹈动律沉稳、舒展。落脚时全脚着地，身体下压、微顿，抬步时两手随身体的俯仰而轻摆，常用跳转、擦地空转等技巧动作。表演者多为劳动群众，动作粗犷有力，富有生活气息。

◀ 萨玛舞

夏地亚纳 节日或盛大集会时在广场上表演的集体舞蹈形式，流行全新疆，盛行于南疆。"夏地亚纳"原是乐曲名称，维吾尔语意为"欢乐的"，过去曾用于王宫贵族的出巡、迎送等礼仪的乐舞中，后发展成为表达欢乐情绪的舞蹈，多在集会开始前或在其他民间舞蹈之后表演，如跳萨玛舞时，一般以夏地亚纳结束。夏地亚纳舞人数不限，表演时无固定队形，动作不强求一致，步伐以小跳步为主，手的动作简单。节奏为拍。伴奏可用弦乐或吹奏乐，几面直径不同的手鼓或铁鼓同时热烈击奏。新疆各地的夏地亚纳的形式与风格各有差异，北疆的活泼，南疆的舞姿

◀ 维吾尔族群舞

第六章 民间文学与艺术 131

维吾尔族
民间舞蹈

华丽，麦盖提县的古朴。

纳孜尔库姆 表演性男子舞蹈。以双人对舞为主，带有竞技性。流行于新疆吐鲁番、鄯善、托克逊等地区，是婚礼、喜庆或麦西来甫中最精彩的节目，各地多有半职业性的纳孜尔库姆艺人。纳孜尔库姆的表演在《吐鲁番木卡姆》的伴奏下进行，开始只是和着乐曲与伴唱跳一般性舞蹈，当乐曲转入纳孜尔库姆专用曲调并唱到"哎，哎，纳孜尔库姆"的歌词时，才进入纳孜尔库姆的表演。表演分为两部分：1. 对舞，节奏为拍，步法以蹲步、跳步为主，舞者以诙谐、幽默的动作模拟各种劳动或各种人物形象，如绱鞋、跛子走路等；2. 竞技，节奏为拍，只以鼓声伴奏。技巧动作有跳蹲、跳转、动肩转等，舞者互以高难动作压倒对方，在观众有节奏的呼喊声中献艺表演。伴奏乐器有艾捷克、弹拨尔、热瓦甫、手鼓、唢呐、铁鼓等。

盘子舞 表演性道具舞蹈。流行于新疆库车、喀什、伊犁、乌鲁木齐、麦盖提等地。用弦乐伴奏，节奏为拍，有专用曲调。据传，盘子舞源于新疆库车民间，后流传各地，逐渐发展成为舞台节目，由女子单人表演。表演时舞者两手各持一盘子，指夹竹筷，和着音乐，边打边舞，并在头上顶一盛水的碗，以增加难度。麦盖提县的盘子舞，由男艺人表演，嘴叼长把木勺，随舞击打碗。盘子舞的步法与舞姿，多来自赛乃姆。

手鼓舞 表演性舞蹈。20世纪40年代兴起的舞蹈形式，开始流传在南北疆各地民间，后发展成为舞台节目。表演多由一女子在手鼓的伴奏下进行。舞蹈的特点是动作敏捷、节奏多变，多用高难度的旋转与腰部技巧。

◀ 手鼓

其他表演性舞蹈，用道具的有击石舞、萨巴耶（铁环）舞、灯舞等。模拟性的舞蹈有山羊舞、老虎舞、骆驼舞等。这些舞蹈形式也多在麦西来甫中进行。

中华人民共和国成立后，舞蹈工作者在各种维吾尔族民间舞蹈的基础上编撰了《维吾尔族舞蹈基训教材》，并创作了许多优秀舞蹈节目。如手鼓舞《摘葡萄》、歌舞《喀什赛乃姆》、大型舞蹈《多朗麦西来甫》《拉克》《鼓舞》《天山女工》等，受到国内外好评。同时涌现出一批国内外知名的舞蹈演员与编导。

非物质文化遗产

维吾尔族木卡姆艺术是一种集歌、舞、乐于一体的大型综合艺术形式，主要分布在南疆、北疆、东疆各维吾尔族聚居区，在乌鲁木齐等大、中、小城镇也广为流传。木卡姆，为阿拉伯语，意为规范、聚会等意，这里转意为大曲，是穆斯林诸民族的一种音乐形式。在现代维吾尔语中，"木卡姆"除"大型套曲"意思外，还具有"法则""规范""曲调"等多种含义。木卡姆体裁多样，节奏错综复杂，曲调极为丰富。生动的音乐形象和音乐语言，深沉缓慢的古典叙诵歌曲，热烈欢快的民间舞蹈音乐，流畅优美的叙事组歌，在艺术成就上是无与伦比的。

新疆的木卡姆种类最多，有一系列带有地域性特色的套曲，如《哈密木卡姆》《和田木卡姆》《刀郎木卡姆》《伊犁木卡姆》《吐鲁番木卡姆》等。

> **知识链接**
>
> **阿曼尼莎汗（1526—1560）** 阿不都热西提之妃。她天资聪颖、能歌善舞、能诗能文，是位才华出众、美丽过人的奇女子，是15世纪杰出的维吾尔女诗人，维吾尔古典音乐《十二木卡姆》的搜集、整理者。13岁入宫，34岁因难产而逝。她从小就对诗和音乐有浓厚的兴趣，拜访艺人、诗人、民间歌手，整理创编出集维吾尔古典音乐之大成的《十二木卡姆》，使民间音乐成为科学、系统、严谨的曲目。《十二木卡姆》驰名中外，是维吾尔乐舞艺术的稀世瑰宝。今天新疆维吾尔族人表演的《十二木卡姆》，便是经过她整理、规范后的音乐。
>
> **阿曼尼莎汗纪念陵** 陵地与清真寺连为一体。陵高22米，陵墓修建在一座2米高、10米宽、10米长的正方形基座上，陵顶为圆塔状，在陵宫内，宫殿墙上镶有"木卡姆"12套曲名。

阿曼尼莎汗墓

十二木卡姆

木卡姆历史源远流长，背景广阔而深远，与维吾尔族人民的历史时代同步发展。主要流传在南部新疆的喀什、和田、阿克苏地区和北部新疆的伊犁地区和东部新疆哈密、伊吾、吐鲁番、托克逊等地区。喀什地区包括塔里木盆地西南缘的喀什、莎车、叶城诸绿洲，历来是西域重镇，也是重要的政治、经济、文化中心；和田地区处于塔里木盆地东南缘，由皮山、墨玉、和田、于田等一系列绿洲组成，是西域最早的佛教中心，南部新疆重镇之一；阿克苏地区在塔里木盆地北缘，阿克苏、库车绿洲是本地区中的至要者。

十二木卡姆组成

由十二套大型套曲即"拉克木卡姆""且比巴亚特木卡姆""斯尕木卡姆""恰哈尔尕木卡姆""潘吉尕木卡姆""乌孜哈勒木卡姆""艾介姆木卡姆""乌夏克木卡姆""巴雅特木卡姆""纳瓦姆木卡姆""木夏吾莱克木卡姆""依拉克木卡姆"组成。其中每一套又包括"琼乃额曼"（大曲，"板式变化体"系列叙咏歌曲、歌舞曲）、"达斯坦"（系列叙事歌曲、器乐曲）、"麦西热甫"（系列歌舞曲）等3部分。每一套含乐曲20~30首，12套共含乐曲360余首，全部演唱约需24个小时左右。2005年，维吾尔木卡姆被联合国教科文组织列入"世界非物质文化遗产"题录。

乐器组合

基本组合　一名萨塔尔手自拉自唱，一名鼓手击节相伴，进板之后也相和歌唱。也可以见得一弹拨尔、南疆热瓦普或都塔尔为主奏乐器自弹自唱，以达普击节相伴的组合。北疆演唱的常规组合是一名弹拨尔手、一名都塔尔手，常由弹拨尔手领奏领唱。有时加用达普或加用一把斯克里泼卡，即从俄罗斯传过来的小提琴。

萨塔尔　弦鸣类弓弦乐器，通体长1 380毫米左右。共鸣箱以整块桑木挖槽而就，长瓢形，上蒙木质薄面板，面板中部两侧各开新月状音孔一个。半柱形琴杆硕长，上以丝弦缠就品位18个，面板上粘有5个木质高音品位。主奏弦常规定音为d或c或f，共鸣弦的定弦因人、因地、因曲而异。

艾捷克　弦鸣类弓弦乐器，由刀郎艾捷克改良而来。共鸣箱背以薄木条粘就，球形，上蒙木质面板。面板上开有U形音孔，共鸣箱后壁也开有圆形音孔若干。共鸣箱中部张皮质共鸣膜，膜面有音柱与共鸣箱面相接。琴杆上没有指板，琴头左右各置琴轸两个，张金属弦四根。

◀ 艾捷克

卡龙　弦鸣类拨弦乐器，通体宽800毫米左右，以桑木制作。音箱呈扁平梯形、前宽后窄，左曲右直，音箱左旁侧置两层菱形木质琴轸。面板左有一排琴枕，琴枕右边有一条固定的琴码。两根一组的钢丝琴弦，从琴轸到琴枕、琴码通到音箱右侧的弦栓。共有琴弦16~18组，定弦以各种乐调的自然音阶为主。

卡龙 ▶

弹拨尔　弦鸣类拨弦乐器，通体长1 000毫米~1 400毫米不等。共鸣箱由整块桑木挖槽而就，半梨状，上蒙木质薄面板，面板中部新月状音孔一对。半柱形琴杆细长，上以丝弦缠就品位26个，共鸣箱面粘木质音品5根。共鸣箱背面及琴杆均可镶嵌骨质花纹作装饰。

都塔尔　弦鸣类拨弦乐器，通体长1 400毫米左右。"都塔尔"一词源于波斯，为"二弦"之意。共鸣箱后壁以桑木条黏接而就，为硕大的半瓢状，上蒙木质薄板。半柱形琴杆硕长，上以丝弦缠就品位17个。共鸣箱后及琴杆正、反面均可镶嵌骨质花纹。琴头正、左侧面各置琴轸一个，张丝弦两根。

▲

手工制作
都塔尔

巴拉满　气鸣类垂挂女乐器，又称"皮皮"。通体长300毫米左右。管身以芦苇制作者，将上端压成扁平双簧音哨；以木、竹制作者，上端插苇质双簧音哨。

萨帕依　体鸣类打击乐器。通体以羊角或两根木棍做成，上钉有铁皮或金属硬币，铁皮上再钉套有若干小铁环的大铁环。

在新疆广泛流传的维吾尔木卡姆是维吾尔族人民智慧的结晶，是维吾尔族人民心中的艺术之神，也是他们生活中不可缺少的精神伴侣。

十二木卡姆，是维吾尔木卡姆的主体和代表，是维吾尔族人民对中华民族灿烂文化所做的重大贡献，它运用音乐、文学、舞蹈、戏剧等各种语言和艺术形式，表现了维吾尔族人民绚丽的生活和高尚的情操，反映了他们的理想和追求以及当时的历史条件下所产生的喜怒哀乐。它集传统音乐、演奏音乐、文学艺术、戏剧、舞蹈于一身，具有抒情性和叙事性相结合的特点。这种音乐形式在世界各民族的艺术史上独树一帜，堪称一绝。

◀ 十二木卡姆

第七章
民间技艺

　　维吾尔人很多原始的传统文化保留的比较完整，手工技艺的保留也较为完整而独特。这些民间技艺是维吾尔族在历史发展中不断学习和积累而总结出的技艺，是维吾尔族聪明才智的展现。

民间医药

维吾尔医药历史

千百年来，神秘的维吾尔族传统医药一直维护着各族群众的健康。维吾尔族医药在祖国传统医学宝库中占有很大的比重，目前已收入国家级药典的药品就有202种，其中药材115种，成方制剂87种。维吾尔医药具有独特的临床有效性和博大精深的医学理论体系。维吾尔医药学主要是由气质学说、体液学说、器官学说组成，它认为，人体的病灶主要是由气质失调，异常黑胆质所致。要治病，首先要清除病体内的异常黑胆质。

维吾尔族祖先的医药学基本理论，早已在公元前4世纪前形成，认为整个自然界以至整个宇宙的基础是由火、气、水、土四要素的矛盾和组合而构成；而人的生命是由自然界中四要素的组

维吾尔族
民间医药

合才得以形成，同时也是在其经常的、直接的影响下才能得以维持的。四要素学说成为阿拉伯医学、中亚医药学的基础理论。

《素问·异法方宜论》记载："西方者，金玉之域，沙石之处，天地之所收引也。其民陵居而多风，水土刚强，其民不衣而褐荐，其民华食而脂肥，故邪不能伤其形体，其病生于内，其治宜毒药，故毒药者，亦从西方来。"说明古代维吾尔族祖先早就了解药物的治疗作用。况且，应用毒药（强药）是用药水平的较高阶段。西汉张骞出使西域，带回了许多西域药材，其中包括胡桃、胡蒜、胡豆、石榴、红花、葡萄等。中原最早的药物学专著《神农本草经》就收载葡萄、胡麻、硫黄、鹿、羊角等西域药材。从《神农本草经》到唐代《新修本草》共载850种药，其中首次增添的114种药物中多数是西域地道货。

形成于7世纪—11世纪的《于阗医学文献》，发现于古代于阗国早期的祠堂和寺院的遗址上，这些资料的大部分现都保存在德国等国的图书馆。文献中记述的药方和药物，有的是应用葡萄干的药方。

8世纪，于阗名医比吉·赞巴·希拉汗应聘入西藏，担任王室侍医，曾将自己所著《医学宝鉴》《伤寒解义》《尸体图览》《甘露宝鉴》等10余种医书译成藏文献给藏王。藏王赤德祖赞（704—754）令人将书集中收藏，统一命名为《王室养生保健全书》。吐蕃王朝第五代藏王赤松德赞（754—797）即位后，继续以重金延聘各国名医入藏传授医术，编译医药著作，发展藏医药学。希拉汗曾与他人合写《汉地脉诊妙法》《消肿神方》《放血铁莲》《穿刺巧术》《养身晶珠》等30多部医药著作。他告老返回于阗前曾将有关人体解剖测量的书籍和包括诸症治疗、切脉秘诀等内容的医学

于阗遗址

巨著《黄色比吉经函》一起献给藏王。这些维医药著作对后来的藏医名著《四部医典》的产生起了很大的作用。

9世纪左右的《回鹘医学文献》是反映当时高昌（今吐鲁番）回鹘王朝医学的珍贵资料，其内容包括临床各科疾病、治疗及药方，疗法包括食疗、药疗、理疗、冷热敷、灸烙、放血、穿刺、清理伤口、骨折夹板固定、水疗、日疗及精神疗法；药物中有牛角、尿、乳汁、羚羊角……牛、马、狼、兔和人胆汁、麝香、海狸香、硇砂、胡杨胶、桑葚干、柴白檀香、葡萄醋、黑胡椒、芝麻、蒜和白铅粉等。

吐鲁番交河故城

10世纪，新疆处于喀喇汗王朝时期，维吾尔族开始信奉伊斯兰教，为此新疆阿图什设立了"麦德日斯·萨其也"（放光）学堂，它是包括医学专科在内的综合性科学院校。该校最著名的维医外科学家伊麻都丁·喀什格日是受尊敬的医师，他多次奔赴战场成功完成了各种外科手术，他高超的医技博得了国王布格拉汗的恩赐，奖给了战马和战刀。他著《注大医典》《中国菝葜》等专著。虽然，维吾尔族由于喀喇汗王朝中期开始使用阿拉伯字母的察合台文，许多回鹘文医著未能保存下来，但从当时的《福乐智慧》《突厥语大词典》及元代以后维医专著可验证有关回鹘医学大量资料。

12世纪初，西辽政权统治新疆至蒙古时期，和田一位著名的维医学家阿老丁·穆罕木德·和田尼（1150—1222）著《治疗精华》《法医》，手抄本一直流传至今。同一时期，维吾尔名医贾马力丁·阿克萨依出生在和阗墨玉县阿克萨依村，他以本村名命名的维医专著《阿克萨依》于1899年在印度勒克瑙城正式出版，同时作为印度首都德里的伊斯兰医学院正式教材用到1929年。该书包括维医基础理论、各科疾病及其治疗、药物及方剂等，是一部国内外享有很高声誉的维医药名著。

元代的统治阶级为了让更多的畏兀儿人参政，并满足他们的要求，对"回回医学"也很重视，在大都和上都均设"回回药物院"，维药学家答里麻在1307年（仅19岁）任该院达鲁花赤（院长），"回回药物院"扩建为广惠司后，回鹘外科医生聂只耳任该司的令君。据库车17世纪维吾尔名医《西日甫·本·佳马力丁·阿吉传》记载：库车著名维医药学家胡都优木汗·阿吉（1567—1658）1619年参与《回回药方》36卷的编撰工作。

明清时期，维医药学知识在汉族中医药著作中有了更多的反映。如明代的《本草纲目》中记载：阿魏、茜草、硇砂、胡黄连、胡麻、胡桃、胡葱、菠萝、茴香、红花、荜茇、刺糖、膃肭脐、膃肭兽、返魂香、大尾羊、黄羊、驼、酪、醍醐、羚羊角、金、玉、玛瑙等100多种。也有众多维医名医著作问世，如17世纪维吾尔名医木拉德·拜克著《医学之目的》，18世纪莎车名医毛拉那·赛衣非的《木排日勒·库鲁比》，还有19世纪穆罕木德·热依木·沙·布瓦的《满百依·福瓦依》，赛依德·穆合塔尔·布拉克·拜克的《提比·西法》，霍加·热衣木·阿洪的《提比·充》，奥斯满·拜克的《夏拉依提·斯海提》，木拉德·拜克的《塔吉日巴提·提比也》，毛拉·玉素甫的《特日库力·依拉吉》，买买提明的《孜亚奥力·库鲁甫》及喀什名医拜德尔丁·苏皮·阿洪的《如意疗法》等。

近代，喀什、和田、吐鲁番地区有过不少有名望的维医药学家，对维医的延续和发展做出了卓越的贡献，如维医学家太吉力（1848—1927）的医学专著《太吉力验方》，1899年，于喀什出

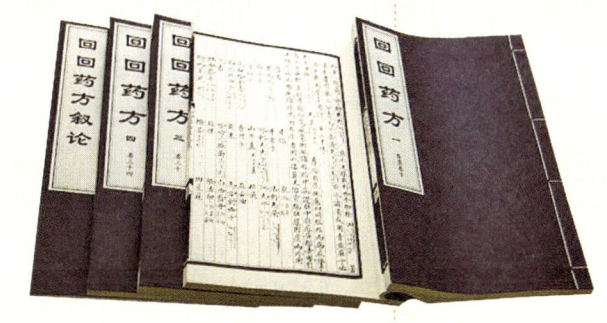

《回回药方》书影

版。还有许多手抄本至今散失在一些维医家手中。他创办的医学堂，经他教授出的徒弟和学生中，许多是中华人民共和国成立后维医事业发展的奠基人，如喀什的玉素甫·阿吉，叶城的赛依汗，皮山的马苏·阿吉，和田的吐尔迪·阿吉等。

维吾尔医药理论体系

维医药学经过2 500多年漫长而艰难的积累，不但为东西方医药学的发展做出了重大贡献，而且同时也吸收其精华，终于形成了比较完整的、独有特色的理论体系。即：四大物质学说、气质学说、体液学说、力学说、健康学说、疾病学说等解释人体与外界的相互辩证关系，创立了一套诊治疾病的治疗学说。

四大物质学说包括火、气、水、土；气质学说包括8种正常气质（热、湿、寒、干、干热、温热、温寒、干寒）和8种异常气质；体液学说包括正常体液（4种）和异常体液（4种）；力学说包括生命力、精神力（12种）和自然力（7种）；健康学说包括健康必须11种因素；疾病学说包括气质失调疾病（体液型及非体液型各8种）、形状改变型疾病、结构损伤型疾病及病级、病期、

维医传统草药——骆驼蓬

病危等；诊断学说包括七诊（望诊、闻诊、问诊、切诊、尿诊、便诊和痰诊）；治疗学说包括护疗、食疗、药疗、手疗等四大疗法。药物学说包括草药、动物药、矿物药及其药物性味（将药性分为干、热、湿、寒及干热、湿热、湿寒、干寒，并将药物性味分1、2、3、4级）、矫正药、代用药等；制剂学说包括剂型，剂型分为膏状制剂12种，硬状制剂5种，散状制剂6种，液状制剂20多种，共60多种。各种制剂均有属性（干、湿、寒、热及干热、湿热、湿寒、干寒），并且属性具有特定方法计算的性级，如：1、2、3、4级。

内科疾病多以内服药为主，非体液型气质失调疾病采用调正法，体液型气质失调疾病首先采用致病体液成熟法，第二步用致病体液排泄法，第三步才用主药根治法。还有熏药、坐药、放血、冷热敷、日光浴、温泉浴、埋热沙等20多种疗法。对肝胆疾病、消化疾病及白癜风、糖尿病、血管硬化性心脏病等有较高的疗效，在外科方面，在服药的同时采用烙法、热罨、披兽皮、结扎、手术、针刺、按摩、手法复位等20多种疗法。常用药已达800多种，制剂400多种，维吾尔医药学深受当地人民的欢迎，它在民族繁衍和卫生保健中做出了重大贡献。

维吾尔医药现状

中华人民共和国成立之后，维吾尔医药学获得了新生，特别是自1978年改革开放以来得到了空前的发展。在新疆维吾尔自治区，地（州、市）、县创办了48所维医医院或西医医院内开设维医科，还创立了新疆维医专科学校和新疆维医研究所，开展了医、教、研工作。有名望、真才实学的维医人员被授予相应的职称，鼓励他们带徒弟，总结经验，著书立说。新疆维医研究所同自治区、喀什、和田、吐鲁番4家维医医院结合现代科学技术对剂型改革、白癜风、糖尿病、冠心病进行了研究，已取得较好的成果，其中治疗白癜风的成果荣获新疆科学大会"优秀科研成果奖"。这些辛勤耕耘的科

阿克陶县维吾尔医医院

技成果，都离不开维医前辈的共同努力，他们为发展维医药事业留下了宝贵财富，如已故的喀什维医医院创建人玉素甫·阿吉生前编著的《卡祖农》（小医典），已故和田维医医院吐迪·买买提医师编著的《维医治疗手册》及已故吐迪·阿吉维医主任医师的《维医处方集》，已故阿图什维医沙木沙克主任医师著《骨伤科治疗学》，已故的乌鲁木齐维医医院（现自治区维医医院）主

《维吾尔医药》书影

要创建人之一巴义·阿洪主任医师所著《维医常识》等医书已出版发行。新疆卫生厅主编由新疆卫生出版社出版的有《维医常用药材》《维医常用制剂》及维医中专、大专基础理论、内、外、妇、儿、五官科等一套11本教材。在中华人民共和国卫生部的统一安排,新疆卫生厅的支持下完成了《中国医学百科全书·维医药学分卷》的编写、出版任务,其中第二册荣获首届中国民族图书一等奖。新疆维吾尔医研究所主办的《维吾尔医药》杂志荣获全疆科技期刊评比一等奖。维医电脑诊治系统荣获全国中医药博览会"神农杯"奖等。

维吾尔医药学像一颗明珠镶嵌在中国的医药学宝库之中,光辉灿烂,为保证中国各族人民的健康事业继续做出贡献,并将会为全人类的保健事业做出应有的贡献。

民间工艺

维吾尔族民间工艺非常发达,种类繁多,这与维吾尔人居住地区的自然地理环境和所从事的经济生活类型密切相关。维吾尔人比较常见的手工业种类有铁器、套具、口袋、鞍子、缝纫、帽子、靴鞋、修理、肥皂、油漆、榨油、皮匠、毯匠、染匠、钉马

铁匠

◀ 制陶

◀ 手工马鞍

◀ 手工木碗

掌、织绸、大布、钉碗、斩棉、弹棉、纺纱、皮袄、绳索、水磨、编席、毡匠、洋铁、铜匠、银匠、乐器、莫合烟、引火板、补鞋匠、刻字匠、陶匠、桑皮纸、麻糖及民族糖果加工业、砖匠、泥水匠、木匠、烤馕、玉石业、雕刻匠等等。随着社会经济的发展工业化进程的加剧以及内地工业品的输入，维吾尔族手工业受到冲击，并且有大量的手工业种类已经失传。下面简要介绍比较重要的维吾尔族传统的手工艺品及制作工艺。

地毯

维吾尔民族传统手工艺品当中地毯驰名中外，新疆地毯历史悠久，早在2 000多年前，和田一带就盛行织地毯了。以和田地毯为代表的新疆地毯图案和设计，具有浓厚地方色彩，常用的品种有几十种，最多达数百种。过去用植物和矿物质制成的纯天然染料，现在改用化学染料。新疆地毯以棉纱做经、纬，用本地羊毛栽绒。传统的图案有"石榴花"式、"洪水"式、"五朵花"式、"伊朗"式、"艾迪亚里"式等。种类有铺毯、挂毯、坐垫毯、礼拜毯、艺术毯、褥毯、床毯等，新疆地毯中最有名的还数和田地毯，也是出口商品之一，远销世界80多个国家和地区，被称为"东方式地毯"。

编织地毯 ▶

知识链接 **帕拉孜** 一种彩染羊毛线或粗棉线纺织的无绒毯子，一般铺用在炕上或床上。还有一种小形的专用披毯用在驼和马上。这种毯子花纹美观大方，颜色鲜艳，经济耐用，具有民族特色。一般南疆各地都能见到小型的纺织房。棉织和毛织帕拉孜的图案基本相同，如彩条式、素条式、素花式、几何纹式、宽彩条式等编织方法，工具与织地毯大体相同。

◀ 帕拉孜

英吉沙小刀

英吉沙县生产佩刀的历史大约有300多年，小刀有20余种40多个花色品种，小刀以精美的造型、秀丽的纹饰和锋利的刀刃而被人们喜爱。为了显示男人的阳刚之气，一般维吾尔族小伙子身上都要佩带这类小钢刀，在日常生活中除使用之外，也起到装饰的作用。传统的造型有弯式、直式、箭式、鸽式，其规格大小不等；刀柄装饰华丽，分别用银、铜、玉、骨和宝石等原料组合成俏丽对称的民族图案，每一把小刀都有合身的刀鞘，刀鞘用牛、羊皮模戳压制而成，上有图案也有环扣。它不仅是一件有收藏价值的手工艺品，也是馈赠亲友的最好纪念品。

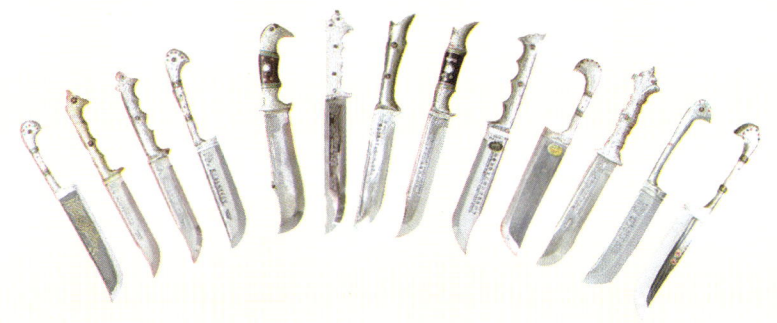

◀ 英吉沙小刀

印花布

印花布是与维吾尔族日常生活息息相关的土产工艺产品，它以独特的装饰趣味和浓重的乡土气息受到维吾尔人的喜爱。南疆一带的喀什、和田、阿克苏等地农民用它来做墙帷、床罩、腰巾、壁挂、衣里、褥垫、礼单、餐巾、桌单、门帘、窗帘等，其用途非常广泛。维吾尔族民间印花布的特点是独创的手工印染技术和民族风格图案融为一体，其图案色彩丰富多变，朴素、雅致、大方，具有色泽自然、不易褪色等特点。印花布在工艺上分模戳多色印花和镂版单色印花两类。

艾得莱斯绸

模戳多色印花 是将纹样复画于梨或核桃木上，以木模立槎制纹，调刻成凹凸分明的图案，然后用此模戳蘸墨或蓝色染液印出纹样。一个模戳就是一个单独纹样，用一个单独纹样模戳可以拓印形式多样的适合纹样、二方连续和四方连续纹样，形成一个组合的整体图案。然后，再用不同的填色模戳和用手笔、毛刷蘸上其他各种染液，按其纹样所需，加以拓涂而形成色泽绚丽的多色印花布。

镂版单色印花 是将纹样复画于厚纸板或铁皮上，镂空花纹成为印版。印染时将镂版置于白布之上，用灰浆（石膏粉配以面粉和少量的鸡蛋清）涂抹于镂空花纹处，灰浆即沾着于布上。取去镂版，待灰浆干后，将布放入染液中浸染，晾干，剥去灰粉，即现出色、白相间的印花来。由于这种镂版单色印花布，一般采用蓝靛草浸染，能现出蓝底白花的效果，因此被人们称为蓝印花布。这种印花布的图案主体纹样多为各种团花和配以散花，以纵横平行的二方连续或颠倒拼接的四方连续排列。其花纹结构严谨，主次分明，色彩协调。一向被人们看作是"土制"的高级装饰品与实用工艺美术品。

> **知识链接** 传统的染料为天然的植物和矿物质染料，均用土方法制染。常用的天然染料有槐花、槐子、桑树根制染黄色；核桃皮制染黄绿色；红花、茜草根制染绯、红色；红柳根、红柳穗、查树根制染赭褐色、土红色；葡萄干制染红赭色；锈铁屑和面汤的酵液制染黑色；靛蓝染深蓝色等。还用一种叫"扎克"的石料（有矾的成分）作为媒介剂。

褡裢

维吾尔族把"褡裢"称为"霍尔均"，与手提包和背包的作用相似，一般维吾尔族男性使用。"褡裢"不用手提，而是搭在肩上，有50厘米宽、1米多长，所盛装的东西要大于提包的好几倍。"褡裢"是用粗棉、毛绒手工纺织而成，开口在中央，两端各成一个大口袋，口边留有绳扣，可以串连成锁，既结实，又耐用。农牧民上街赶"巴扎"（即集市）或是探亲访友，若步行则搭在自己的肩上，若骑马或毛驴，则搭在牲畜的背上。"褡裢"不但实用，而且是一件精美的工艺品，多用几何图纹样配以色彩斑斓的粗犷线条，颜色鲜艳，图案富有民族特色。"褡裢"是南疆维吾尔族的一个特产，人们除了把它作为一种盛装物品的用具，还把它作为一种挡风遮雨、护身保暖的用品和野外露宿的垫褥。现在专门设计出了一种小巧玲珑的小"褡裢"作为旅游工艺纪念佳品，深受国内外旅游者的喜爱。

◀ 织布

绣花枕头

维吾尔语称绣花枕头为"开西提里克亚斯吐克"，它不仅非常实用，而且是一种美化室内的重要陈设品。

枕头内装鸡、鸭、鹅的羽绒，有方形、长方形和圆形。枕头

刺绣

套上绣有各种花卉，其绣法多种多样，有提花绣、十字绣、镂空机绣、平绣、结绣、盘金银绣、扎绒绣、格架绣、综合绣、补花、拼花、掏花编织等。

比较传统的一种枕头称"台克衣"。这种透花枕头为长扁形，其宽为40厘米左右。其花卉主要绣在枕头的两侧，多采取平绣方法，绣色彩绚丽的绿叶花卉。一般维吾尔族家庭还有专为客人准备的七八个绣花枕头，大多放在客室的床上，或边花向外叠放在箱上，也放置在石膏雕花的龛形壁橱内，花纹向外，起到美化点缀居室的作用。另一种是长圆形靠枕，置于炕上，供人依靠的枕头。还有一种手枕，是睡觉时为了舒适放手用的，旧时多供富人使用。此外，维吾尔族姑娘出嫁之前就为自己精心绣制几对绣花枕头，绣花枕头现已成为新娘嫁妆中一项极为重要的礼品，同时也就成为衡量新娘是否心灵手巧和好当家人的标准之一。

木箱

维吾尔族家庭的客室、卧室内，一般都放有大小不等、做工考究的木箱。大木箱规格长一米多，宽60厘米，高50厘米。

维吾尔族的木箱主要有镶嵌花、彩绘花、雕花木箱3种。镶嵌花木箱还有用金或银色马口铁皮细条，用网格、方形或菱方套纹，按菱、方、半圆、云、八角、正及三角编镶成各种对称图案的箱子，这种箱子花纹细密紧

木箱

凑，熠熠闪光，给人以富丽堂皇、华贵无比之感。彩绘花木箱多是在箱面中心绘一组花篮式纹样，加角隅纹，花纹多用牡丹、玫瑰、芙蓉、芍药、百合花、石榴花等以及花蓓蕾、果实、枝叶自由组成，似百花盛开。雕花木箱大都是用三组不同花纹的方形、圆形适合纹样主体花、外饰一至数层三方连续纹样。图案一般不着色，用各种花卉、几何纹、壶、罐、瓶等组成纹样雕刻在本色木箱面上，显得朴实无华，古色古香。

摇床

维吾尔族为婴儿专门设计制造了一种叫作"毕须克"的摇床。这种摇床高60多厘米，长不到1米，宽只有50厘米，用卯眼和榫头嵌镶而成，不用一枚钉。床帮和床腿都镟有大小不等的圆形花纹，每种花纹上漆有金、银、红、绿、蓝、黄、白等各种颜色的油漆，每侧的床腿之间和床帮之间都连接成弧形，使床可以来回摇动。床帮两头还用雕有花纹的木杆连接，拿起木杆便可以移动床的位置，同时还可以作为搭纱的支架，摇床的中间还有捆绑带的地方，其作用不仅是固定孩子的手脚，不让他乱动，以免影响睡眠，而且还能防止腿的变形。小床的铺板中间还留碗口大的洞，通过烟斗形的尿管（男婴和女婴的有所区别）让尿流在床下面的瓷罐里；这样可以尿不湿被褥，保持干燥。既为孩子舒坦，又为母亲减少了洗尿布的劳累。这种摇床喂奶还十分方便，不用解开绷带，只要母亲坐在炕头，微微侧身，就可以把乳头送入孩子口中。孩子熟睡后，可将一块薄纱蒙在摇床上，既可避灰尘，又可防蚊蝇叮咬。

◀ 摇床

维吾尔族妇女常常在葡萄架下哼着优美的催眠曲,用脚轻轻地摇晃小床,手里做着针线活。千百年来,摇床在维吾尔族的生活中占有非常重要的地位,并至今养育着维吾尔族的子孙后代。现在新型的摇床样式更考究,更为华丽,一般只用一个主色调,以白色、金色和银色为辅调,其设计非常别致,并且具有浓浓的民族特色。

桑皮纸

桑皮纸是非常古老的纸,始于何时无从考证。探险家斯坦因在塔克拉玛干沙漠的麻扎塔格山曾发现过用桑皮纸记录的唐代账簿,在20世纪四五十年代,和田地区的桑皮纸作坊遍布各县,当时的许多公文和契约都是用桑皮纸书写的。

桑皮纸的制作工艺十分古老,都是以家族代代传承的。桑皮纸的主要原料是桑树皮,将桑树枝在水里泡软后剥取里层外皮,再在水里浸泡几日,然后放在大锅里边煮边搅,直至树皮软烂,捞出来放在石板上用木槌捣成浆糊状。然后再把纸浆倒进桶内,

制作桑皮纸
▼

加水搅成稀纸浆。取适量纸浆倒在用木框纱网做成的纸帘里。待纸帘里的浆糊分布均匀了，便把纸帘轻轻从水里捞出来，晾干后揭下来便成桑皮纸了。

2002年，在美国威斯康星州举办的第36届史密梭民俗生活艺术节中，新疆的桑皮纸传人托乎提·巴克老人被邀请去现场表演。他带的桑皮纸被观众一抢而光，国外媒体称这位老人是"地球上最古老手艺的幸存者"。现在虽然桑皮纸不再是书写用纸张，但是随着文化遗产保护意识的普及和提高，维吾尔商人已开始投资恢复桑皮纸的制作工艺，用桑皮纸印刷精美的请柬、贺信等。

维吾尔族传统手工艺品还有很多，如各地的艾得莱丝绸和印花布，和田、墨玉、策勒和于田等地产的绣花毡，各类铜制品、陶瓷品、铁制品、木雕产品、木制器皿，和田传统造纸，民族式金银首饰等等，传统手工艺生产为维吾尔族开展民族文化和内外贸易活动提供了丰富的物质基础。

民间体育

达瓦孜

"达瓦孜"是维吾尔族的传统民间古典技艺即高空走大绳之意。它是维吾尔族人民最喜欢又惊心动魄的体育娱乐项目之一。据史料记载，"达瓦孜"已有2 000多年历史，"达瓦孜"以家庭世传方式代代相传。在新疆南疆地区"达瓦孜"世家最多。关于"达瓦孜"的来历，还有一个美丽的传说。

> **知识链接** 很早以前，维吾尔族聚居的阿克苏涌出一眼泉水，泉水给人们带来了安居乐业的生活，然而恶魔为了破坏人们正常的幸福生活，施展魔法，把泉眼堵死了，有一位真正勇敢的青年发现了恶魔在云层捣鬼，决心去与恶魔搏斗。于是人们用木杆接起来伸入云层。这位青年沿着垂下的大绳，爬上了天空与恶魔展开搏斗，最后取得了胜利，泉水重新涌流出来，人们又获得了丰衣足食的安康生活。

达瓦孜

为了纪念这位英雄，人们开始做"达瓦孜"的练习，并模仿他的做法，开展了高空走绳表演，并沿袭至今。这个传说反映了维吾尔族人民的一种美好愿望。

达瓦孜表演首先选一个空旷的场地，在场地中央立一根30米高的木杆，一条80米手腕粗的麻绳由地面斜拉至木杆的顶端。大绳呈很陡的坡度。表演者手持5米多长的长杆（平衡木）在欢快的唢呐声和维吾尔古典乐曲的伴奏下，在凌空的大绳上赤脚，蒙上眼睛表演各种幽默、惊险的动作，如立身走、侧身走、单腿直立，绳上倒立，盘腿而坐，双脚绑上圆铁盘踩绳等。表演达瓦孜的演员在没有任何安全保护设施的情况下进行表演，充分体现了维吾尔族人民勇敢而富于挑战的精神。

达瓦孜表演者不受性别、年龄限制，一般多为青年男女，最小的达瓦孜表演者为3岁。在南疆阿西木家族的"达瓦孜"就有200多年的历史。20世纪30年代传给乌守尔·木沙。现在从事达瓦孜表演的杂技家被誉为高空王子的阿地力·吾守尔。

摔跤

维吾尔族非常喜爱摔跤这项体育活动。一般在节庆、婚礼，都要举行一场摔跤比赛。平时，在田间地头，维吾尔族小伙子也常常举行这种比赛，以增添欢乐的气氛。比赛时，不分年龄和体重，只要有能力都可以参加比赛，但正式比赛就不同了。一般裁

◀ 摔跤

判请德高望重的长者来当。在喀什一带，如巴楚、麦盖提、英吉沙尔等地盛行的摔跤姿势是抱腿、抱腰和缠腿；在阿图什一带盛行抓腰带摔跤；哈密、吐鲁番、托克逊盛行抓腿摔跤。

沙哈尔地

"沙哈尔地"，即空中转轮，是维吾尔族人民非常喜爱的一种古老传统游戏。一般在春冬季节举行较大活动时、在节假日不忙时或婚礼时进行。

> **知识链接** "沙哈尔地"在维吾尔语里的意思是"已变黄了"，因为在转轮上转一段时间后，大多数人会出现头昏、脸色发黄等现象，因此取名为"沙哈尔地"。这种游戏是考验人的耐力和胆量的娱乐活动。

"沙哈尔地"有两种：一种是四人飞的，另一种是两人飞的。一般由木杆和大木轮车的木轮及麻绳组成。先选一个比较宽阔的地方，安装"沙哈尔地"。"沙哈尔地"高达十几米，中间有一根轴直插天空，轴顶装一木轮，轮上装有两根横木，游戏者使用的绳索拴在木轮上，另外在下方还加一根转动木轮和轴的横木，将两根绳索和轮子连在一起，固定在竖轴上。游戏时，由若

第七章 民间技艺 157

沙哈尔地

干人推动缚在竖轴上的横木，空中的轮子便转动起来，带动踩在绳索上的两个游戏者，逐渐转圈，慢慢升上天空，转速越快，游戏者飞得越高，这时人们欢呼跳跃，乐队奏出欢快的维吾尔乐曲，等转速慢下来之后，再换另外两个游戏者上去飞转。整个游戏过程中的场面非常热闹。为了有序地进行"沙哈尔地"游戏，专门选一个人来主持这项体育娱乐活动。这种游戏很有吸引力，只要身体好的有胆量男男女女都可以飞。"沙哈尔地"一般都要延续好些天。

民间游戏

喀尔勒克游戏

这种娱乐活动一般以投雪笺的方式进行。在每年瑞雪初降时，几个朋友经过商量，联名写封雪礼信，信中首先要以白雪的降临祝贺收信人全家平安，然后要求收信者按自己的经济能力以白雪节的习惯举行一次娱乐晚会，并提出晚会的活动内容。雪礼信的字句一般为诗或谚语。开头这样写："初雪天我们开始了游戏。如果你富裕，可以用丰盛的宴席来请我们；如果你不宽余，也可用一头洋葱表表你的心意。"下面要写上要好朋友的名字。然后请其中一个人直接送至收信人家中，并把信悄悄放在主人不易发现的地方，或者临走时说一声"雪礼信到了"，交给手中，然后就跑，收信人见到信或纸条后，马上要做出反应。准确无误地抓住那个送信人，如果被当场抓住，可以往脸上涂颜色，这样写信人就要请客了。否则就要按信上的要求举行雪礼晚会，这种游戏多在青年男女中间进行，其目的主要助大家欢聚一堂，借第一场雪祝福来年一切顺利。

游艺会

游艺会是维吾尔族一种传统的娱乐活动之一，一般多在春暖花开、瓜果飘香的季节里举行。亲朋好友聚集到一起，挑选一个日子到风景秀丽的果园去游玩并吃野餐，品尝水果。有玫瑰游艺会，一般在5月份举行。即春耕之后，作为劳动间隙的一种休息而举行的活动。游园会，多在水果成熟，小麦抽穗的时节举行。甜瓜游艺会是在夏季作物收割完毕，冬播之前，甜瓜成熟时举行。葡萄游艺会在吐鲁番一带比较盛行，一般在每年的8月份举行。在游艺会期间，人们穿上最漂亮的衣服，带上各类美味食品，享受大自然，唱歌跳舞尽情地游玩。游艺会在全疆各地维吾尔人中广泛流传，这种传统一直保持至今。

◀ 游艺会

斗鸡

斗鸡是维吾尔族古老的民间游戏，在南疆、伊犁、吐鲁番等地每逢冬季，就会举办民间的斗鸡比赛。吐鲁番的斗鸡最出色，一般挑选优良大骨鸡，头似蛇头，鸡冠很小，嘴如鹰嘴，骨骼粗壮，爪子锋利而粗大，胸部宽厚有力，身高可达60厘米~70厘米，羽毛黑里泛绿，平

斗鸡

均体重在4公斤以上。这种鸡天性好斗，一般选用体格大、动作敏捷的公鸡加以特殊训练后参赛。斗鸡前，双方制定出比赛规则之后，才开始斗鸡。一般比赛持续1小时左右，两只公鸡拼死恶战。斗鸡爱好者及观众一般都是男性。

斗羊

维吾尔人斗羊活动有很长的历史，在《突厥语大辞典》里有记载。一般在喜庆日、大型聚会场所举行。斗羊人，往往选择外形雄壮、力大、有犄角、好斗的公羊加以精心驯养后参赛。斗羊时，把两只公羊放入斗羊场内，两只公羊先往后退几步，然后猛烈冲撞。如此反复，直至其中的一只怯阵败逃，舔身摇首或后退不前，胜负才分。一般连战连捷三场可以获得奖品。这项传统娱乐活动在南疆很盛行。

斗羊 ▶

抓石子

维吾尔语称"塔西太尔买克"，亦称"恰库木"，是深受维吾尔族女性喜爱的传统游戏之一。这种游戏不限人数，用5粒石子或核桃玩，一般分5轮进行。玩时，首先将5粒石子握在手中撒向地面，之后从中拾起一颗石子抛向空中，在石子落地之前拾起地上的一颗石子并抛向空中，并接住抛向空中的石子，依次反复,直至地上的石子全部拾完。开始第二轮,区别在于每次拾起两粒石子。第三轮首先拾一粒石子,第二次拾3粒石子。第四轮在抛的石子落地之前一次拾起4粒石子。最后,参与者手心向上、四指并拢托着石子,用手指的力量将5粒石子同时向上抛,在石子落地之前用手背接住石子,之后再次借助手背的力量将石子抛向空中,并迅速抓住正在下落的石子,至此游戏全部结束。在游戏过程中若出现石子落地、多拾、漏拾或拾石子时手指触碰、移动其他石子等,视为失误,换下一位玩。

第八章
维吾尔族对伟大祖国的贡献

　　维吾尔族在历史上就是热爱和平，珍惜生命，甘愿为祖国献出生命的民族。对祖国的统一做出过巨大贡献，历史上的"香妃"及其家族，为维护国家统一和民族团结，做出了贡献，美丽的香妃也成为民族团结历史上动人的一页。

中国是各族人民共同缔造的统一的多民族国家，新疆各族人民自古以来就有"爱国如家，精忠报国"的优秀传统。这种精神深深融入新疆各族人民的血脉之中。一直以来，维吾尔族就是热爱和平，珍惜生命，甘愿为国家奉献生命的民族。抗日战争时期，为保证苏联援华物资的输入，维吾尔民众与各民族群众万众一心，保证物资运送；为接送美国援华物资，维吾尔族同胞备马千余匹往克什米尔列城接运，沿途冰川深谷，朔风凛冽，空气稀薄，条件极端恶劣，一些同胞为此付出了宝贵的生命，长眠在雪域高原；新疆同胞捐钱捐物买战斗机抗美援朝；还有不顾自己生活困难领养多民族儿童的诸多优秀母亲、奉献社会的爱心妈妈……事实证明，维吾尔族是始终维护和平、维护统一的。

积极促进民族团结

在历史上，维吾尔族人民为维护祖国的统一曾做出过巨大贡献，涌现出许多忠心报国的仁人志士，出现过催人泪下的感人事迹。历史上的"和亲"，虽然是中央王朝笼络边疆少数民族的一种政治行为，但它在客观上对巩固祖国统一、加强各族人民之间的联系、推动边疆各族人民社会经济和文化事业的发展起到了重要的作用。

南疆是以维吾尔族为主的多民族聚居区，全疆800万维吾尔族有一半以上集中在南疆。新中国成立后，随着新疆生产建设兵团的屯垦戍边，塔里木油田开采，西气东输工程的启动以及内地流动人口的定居等，南疆的汉族人口也在急剧增加。南疆地下矿产、油源丰富，地上疆域辽阔，是国内外敌对势力对中国进行民族分裂和文化渗透的前沿。

在党中央、国务院"三个离不开""两个共同"等一系列民族理论和政策的指引下，在新疆维吾尔自治区和新疆生产建设兵团各级党委、政府亲切关怀和努力工作下，南疆维吾尔族、汉族之间形成相互尊重、相互学习、相互帮助、共同繁荣发展的喜人局面。

1981年7月，中共中央书记处在讨论新疆工作问题时指出：

喜获丰收

"处理好民族关系,首先要求汉族干部同少数民族干部以及各少数民族之间要相互信任,互相尊重,互相支持,互相谅解。在处理汉族及少数民族之间的关系问题时,一定要非常慎重。新疆的汉族干部要确立这样一个正确的观点,即离开了少数民族干部,新疆的各项工作搞不好;新疆的少数民族干部也要确立这样一个观点,即离开了汉族干部,新疆各项工作也搞不好。"同年10月,中央主要领导在接见全国少数民族参观团负责人时指出,汉族和少数民族的关系是:汉族离不开少数民族,少数民族离不开汉族。

1990年,江泽民同志考察新疆工作时强调:"汉族离不开少数民族,少数民族离不开汉族,各少数民族之间也相互离不开。"当前,"三个离不开"已深入人心,社会主义的新型民族关系正在日益巩固和发展,平等团结、友好互助、共同繁荣是新疆民族关系的主流。

英勇保卫祖国边疆
坚定维护祖国统一

维吾尔族维护祖国统一的斗争

在新疆历史上,维吾尔族人民为维护祖国统一曾做出过巨大贡献,涌现出了许多忠心报国的仁人志士。

回纥的杰出人物婆闰对唐朝统一的巩固和发展做出过贡献。婆闰的父亲吐迷度是第一位归附唐朝的回纥可汗,唐朝拜其为怀化大将军、瀚海都督。648年,吐迷度侄子乌纥杀死吐迷度,企图叛唐,被平定。唐朝任命婆闰为左骁卫大将军、大俟利发、瀚海都督。婆闰的功绩在于两次出征西域,助唐平定西突厥阿史那贺鲁的叛乱。阿史那贺鲁原为唐朝瑶池都督,651年公开叛唐,建牙千泉(今吉尔吉斯斯坦托克马克西)自称沙钵罗可汗,企图夺取唐州、庭州。652年唐派兵征讨,婆闰率5 000回纥骑兵配合,唐取得初步胜利。657年婆闰参加了另一次征讨阿史那贺鲁的战争,奉命穷追阿史那贺鲁至邪罗斯川(今吉尔吉斯斯坦塔拉斯河)。历时数年的平定叛乱结束后,唐朝的统一得到巩固和发展,婆闰因功封为右卫大将军。

吐鲁番郡王额敏和卓反对分裂、维护祖国统一的历史功绩也名垂史册。1720年,康熙皇帝派兵征讨准噶尔部首领策妄阿拉布坦的分裂活动,额敏和卓乘机脱离准噶尔,投附清朝,驻扎吐鲁番一带,于1731年,粉碎了策妄阿拉布坦的进攻。1755年,乾隆皇帝发兵征讨准噶尔部首领达瓦齐,额敏和卓率兵300从征,随清兵打到伊犁。1757年,发生了大小和卓波罗尼都、霍集占兄弟分裂活动,清军将领雅尔哈善征剿,授额敏和卓为参赞大臣,玉素布为领队大臣,许多维吾尔族上层人士被安排在重要位置,平定了叛乱。在晚年,额敏和卓两次到北京觐见乾隆皇帝。他的一生,最大的功绩是以实际行动反对策妄阿拉布坦、达瓦齐、阿睦尔撒纳、莽噶里克、波罗尼都、霍集占等各种势力的分裂活动，维护了祖国的统一。额敏和卓的一生是反对分裂、维护祖国统一的一生。额敏和卓在晚年时修塔立碑，是为了报答清王朝的恩遇，并表达了对伊斯兰教的虔诚。苏公塔与清代新疆地区历史上的重大事件有关，具有重要的历史价值和艺术价值。

玉努斯出身于维吾尔族贵族家庭，他的祖父是乾隆年间平定大小和卓叛乱斗争中立下战功的额敏和卓。

额敏和卓

1811年，玉努斯承继郡王爵位，任喀什噶尔阿奇木伯克，总理当地民政事务。面对和卓复辟势力对祖国统一的严重危害，一到任就查实沙朵斯、乌舒尔、爱玛尔、毛拉素皮四人与流亡在中亚浩罕国的萨木萨克的儿子相勾结谋反的罪证，奏报朝廷后法办。为彻底消灭和卓复辟势力，玉努斯向浩罕国交涉引渡和卓后裔，浩罕国称和卓后裔张格尔进犯喀什噶尔已被堵截了回去，要挟清廷，引起清廷震怒。伊犁将军松筠斥责他多事，加之沙朵斯余党称没有张格尔这个人，玉努斯反被诬告，被清廷革职监禁。1820年、1824年、1825年张格尔在浩罕封建主的支持下，一次次骚扰喀什噶尔，清廷才发现上当，玉努斯被清廷以已革伯克的身份派赴喀什噶尔前线。在那里他团结维吾尔族人民，为瓦解张格尔叛乱势力做了大量工作。不幸的是，1826年秋，张格尔伙同浩罕侵略军大举窜犯喀什噶尔，城陷后玉努斯为国捐躯。

> **知识链接**

容妃（1734—1788），霍卓氏（和卓氏），维吾尔族，传说中的香妃原型，阿里和卓之女。

在乾隆皇帝的40多个后妃中，有一位维吾尔族女子，她就是闻名遐迩的香妃。其实香妃是否遍体生香，根本无从考证。但乾隆帝只有一个维吾尔族妃子却是史实。她就是容妃。在乾隆帝的40多名妃子中，有一名回妃，本不奇怪，可是在容妃死后的一百多年内，却引起了一批骚人墨客的兴趣，在容妃身上大做文章，甚至编造出一个"香妃"的故事。1734年，香妃生于新疆，其兄为第二十九世回部台吉（贵族首领）图尔都。1755年，清军进军伊犁，二次平定准噶尔叛乱，解救了被准噶尔拘禁的叶尔羌、喀什噶尔封建主玛罕木特的两个儿子：大和卓、小和卓。不料两年以后，小和卓杀死了钦派的副都统阿敏道，自称巴图尔汗，大和卓也据守喀什噶尔，两相呼应，称雄南疆，开始了大规模的武装反清。此后，图尔都台吉等不愿归附分裂势力，配合清军，于1759年，彻底平息了大、小和卓的叛乱。1760年，图尔都等五户助战有功的和卓及霍集斯等三户在平乱中立功的南疆维吾尔上层人士应召陆续来到北京，拜见乾隆皇帝。乾隆令他们在京居住，并派使者接他们的家眷来京，封图尔都等为一等台吉。图尔都27岁的妹妹也被选入宫，册封为和贵人（容妃）。1763年封为嫔，五年后又晋封为妃。容妃在宫中生活了28年，死于1788年，安葬于今河北省遵化县境内的清东陵纯惠皇贵妃园寝内。

香妃的故事历来非常迷人。传说她"玉容未近，芳香袭人，既不是花香也不是粉香，别有一种奇芳异馥，沁人心脾"。是新疆回部酋长霍集占的王妃，回部叛乱，霍集占被清廷诛杀，将军兆惠将香妃生擒送与乾隆。但香妃心怀"国破家亡，情愿一死"之志，始终不从乾隆，最后被太后赐死。死后，将其运回家乡安葬，故新疆喀什有香妃墓。

香妃墓 ▶

维吾尔族保家卫国的两位巾帼英雄迈哩巴纽和罗尔巴力。1865年，浩罕国的阿古柏，在英国和沙俄的支持下，侵入新疆。在其残暴统治南疆广大地区的12年里，当地的维吾尔族人民同其进行了前仆后继的英勇斗争。迈哩巴纽和罗尔巴力就是这一时期涌现的两位维吾尔族巾帼英雄。

迈哩巴纽是哈密王伯锡尔的妻子，被清朝政府封为福晋。1873年曾被回、维吾尔族农民起义军俘虏，后来落入了阿古柏匪帮的魔爪，被囚禁在库车境内。阿古柏匪帮劫持迈哩巴纽福晋，"计在羁留以牵率其部耳"。但是迈哩巴纽福晋大义凛然，没有被阿古柏匪帮的威胁利诱所屈服，并带话回来说："世受皇上天恩，不敢作叛逆之事云云。"在迈哩巴纽福晋被劫持期间，清朝政府曾多次命令地方官员设法营救，福晋之子哈密王迈哈默特也曾设法营救。后来迈哩巴纽福晋回到哈密。因其子自幼瘫痪，福晋以其卓越的政治才能，在那个战乱的岁月里，成功地主持了哈密地区的政务。

罗尔巴力是火家板儿（当地的一个小头目）的妻子，当时30多岁，家住哈密西面的苁苁台。她为了反抗欺侮、保家卫国，勇敢地承担了巡逻和传递情报的重担。《听园西域杂述诗》的作者萧雄曾写下一段赞扬罗尔巴力的话：

余过其地，曾见其雪衣单骑，往邻居沙勿体家会事。其时贼焰初解，野多豺狼，男子尚怯惧，彼竟提短刀，飞鞍长歌，往返于十余里山隈沙碛之间，气众壮哉！

两位维吾尔族妇女的英勇事迹，充分体现了同仇敌忾的大无畏精神，闪耀着爱国主义的光芒。

维吾尔族拥护中国共产党，支持中国人民解放战争

三区革命是新疆伊犁、塔城、阿勒泰地区少数民族人民反对盛世才独裁、国民党反动统治和帝国主义的侵略，争取民族解放和民主政治而爆发的革命斗争。革命者在俄国十月革命和中国共产党的影响下，推翻了国民党的反动统治，驱逐了帝国主义势力，建立了中国共产党领导的革命政权，实现了新疆的和平解放，被毛泽东同志称为：三区革命"是全中国人民民主革命的一部分"。在三区革命斗争中，有一批维吾尔族和其他少数民族进

三区革命
纪念碑

步青年,追随和拥护中国共产党,排除三区革命初期的错误,通过斗争把革命引向了正确的道路,为维护祖国的统一和民族的团结,为新中国的成立做出了不可磨灭的贡献。

1945年8月15日,日本宣布无条件投降,同一天《中苏友好同盟条约》在莫斯科签字。国内外和平的呼声越来越强烈,蒋介石派张治中到新疆同三区革命政府进行和平谈判。1946年1月,双方签订11项和平条款,根据条款规定,改组新疆省政府,成立由三区革命代表、七区代表和国民党中央代表共同组成的新疆省联合政府,张治中任新疆省联合政府主席,阿合买提江、包尔汉任副主席,阿巴索夫任副秘书长。纠正三区革命初期的一系列错误,团结新疆各族人民,使革命走上正确轨道。

1946年11月,三区革命代表阿不都克里木·阿巴索夫等人借到南京参加国民党大会的机会,秘密前往中国共产党驻南京办事处拜会董必武,表达坚决接受中国共产党领导的愿望,转交了新疆共产主义者同盟致中国共产党的信件。在会见中,三区革命代表要求中国共产党派政治、军事和财务工作人员到新疆指导三区革命。随着蒋介石的反共内战政策,国民党势力破坏新疆的和平协议,新疆联合政府名存实亡。三区革命政府代表克服困难,整顿内部,宣传全国解放的形势和中国共产党的

乌鲁木齐市区

政策，并粉碎了国民党策划的多次阴谋叛乱。在新中国成立前夕，三区革命政权热烈欢迎中国共产党代表邓力群同志前往伊犁，接受党的邀请，积极派三区革命领导人到北京参加全国政治协商会议，积极配合人民解放军进军新疆，为解放新疆做出了极大的贡献。

1949年，国民党在新疆的近10万驻军，外有解放军重兵压境，内有"三区"民族军的威胁，孤立无援，进退维谷，发生了剧烈的分化。特别是以国民党新疆警备司令陶峙岳、新疆省政府主席包尔汉为代表的广大爱国官兵和政府人员，在中国共产党统一战线的感召下，向往和平，希望投向人民。在解放大军压境的情况下，在新疆各族各界民主人士的积极努力下，1949年9月25日、26日，陶峙岳、包尔汉分别通电起义，新疆宣告和平解放，宣布脱离国民党反动政府，归向人民。9月28日，毛主席、朱总司令回了电报，指出，"我们认为你们的立场是正确的"，"此种态度符合全国人民的愿望，我们极为欣慰。希望你们团结军政人员维持民族团结和地方秩序，并和现

乌鲁木齐
市城区

在正准备出关的人民解放军合作,废除旧制度,实行新制度,为建立新新疆而奋斗!"

新疆和平解放,使新疆历史进入了一个新时代。新疆各族人民和全国人民一样,向着社会主义革命和社会主义建设迈开了新的步伐。同年10月12日,中国人民解放军进军新疆,并于10月20日进驻新疆省会迪化。

中华人民共和国成立前的新疆,国民经济是以农牧业为主体的自然经济,工业十分落后,没有一寸铁路,没有像样的工厂和矿山,一些地方粮荒不断,人民生活贫困不堪。1949年9月25日,新疆和平解放,1955年10月1日,新疆维吾尔自治区成立,掀开了新疆历史发展的新篇章。60年来,新疆经济和社会各项事业得到了迅速发展。

全区国民经济、农业综合生产能力、工业实力、水利建设、交通运输业、通信设施、对外贸易、旅游业、教育事业、科技事业、文化艺术、卫生事业、城乡居民收入水平等具有显著提高和蓬勃发展、欣欣向荣之势。

为进一步巩固和发展各民族的大团结,从1983年起,新疆维吾尔自治区政府每年都在全区范围内集中开展民族团结教育月活动,以生动活泼的形式和赋予时代特点的内容,集中、广泛、深入地进行宣传教育,使平等、团结、进步成为各族人民相互关系的主旋律，互相信任、互相尊重、互相学习、互相支持、互相谅解成为各族人民共同遵守的行为准则。

乌鲁木齐市南山滑雪场

在中央人民政府的领导和支持下，经过新疆各族人民50多年的艰苦奋斗，新疆经济社会等各方面的发展取得了历史性的辉煌成就。但是由于新疆地处中国西北边陲，自然条件较差，经济基础薄弱，教育、文化、卫生等各项社会事业的发展还面临不少困难，提高各族人民生活水平的任务还十分艰巨。加快新疆的发展是新疆各族人民的共同愿望，也是国家的战略规划。

新疆经济和社会发展的前景是美好的。新疆各族人民在中央人民政府和各兄弟省区市的支持下，通过艰苦努力，一定会把新疆建设得更加美丽富饶。

第九章
大美新疆

　　新疆是举世闻名的歌舞之乡、瓜果之乡、黄金玉石之乡。新疆幅员辽阔，地大物博，山川壮丽，瀚海无垠，古迹遍地，民族众多，民俗奇异。《古兰经》的诵经声、挺拔的胡杨、天山的冰雪、喀纳斯的神话，在这片热土浮现，这就是新疆，大美的新疆。

秀美山川

天山

天山是世界七大山系之一，位于地球上最大的一块陆地欧亚大陆腹地，东西横跨中国、哈萨克斯坦、吉尔吉斯斯坦和乌兹别克斯坦四国，全长2 500公里，南北平均宽250公里~350公里，最宽处达800公里以上。天山是世界上最大的独立纬向山系，同时也是世界上距离海洋最远的山系和全球干旱地区最大的山系。

天山绵延中国境内1 700公里，占地57万多平方公里，占新疆全区面积约1/3。中国境内的天山山脉把新疆大致分成两部分：南边是塔里木盆地；北边是准噶尔盆地。托木尔峰是天山山脉的最高峰，海拔7 435.3米。锡尔河、楚河和伊犁河都发源于天山。

▲ 天山天池

▼ 天山

喀喇昆仑山脉

喀喇昆仑山脉，突厥语，意为"黑色岩山"。喀喇昆仑山是世界山岳冰川最发达的高大山脉，亚洲著名山脉之一。

从阿富汗最东部向东南延伸约480公里。宽度约为240公里，长度为800公里，平均海拔超过5 500米，为世界上高山和高纬度之外最长的冰川最集中的地方。塔吉克斯坦、中国、巴基斯坦、阿富汗和印度的边界全都辐辏于这一山系之内，赋予这一僻远地区巨大的地缘政治意义。

喀喇昆仑山脉平均海拔6 000米以上，共有19座山峰超过7 260米，8座山峰超过7 500米，其中4座超过8 000米，诸山峰通常具有尖削、陡峻的外形，多雪峰及巨大的冰川。

阿尔泰山

阿尔泰山位于新疆维吾尔自治区北部和蒙古西部。西北延伸至俄罗斯境内。呈西北—东南走向，斜跨中国、哈萨克斯坦、俄罗斯、蒙古国境，绵延2 000余公里；中国境内的阿尔泰山属中段南坡，山体长达500余公里，海拔1 000米～3 000米。主要山脊高度在3 000米以上，北部的最高峰为友谊峰，海拔4 374米。

森林线大体处在1 800米～1 900米的高度，占地面积为1 611 457公顷，其中有1 002 000公顷属特级保护区，森林、矿产资源丰富。年平均温度为0℃，其中7月份高山雪线以下的地区平均温度为15℃～17℃，冬季最低温达到-62℃，年均降水量在500毫米～700毫米之间。

"阿尔泰"在蒙古语中意为"金山"，从汉朝就开采金矿，至清朝，曾有5万多人在山中淘金。

塔里木盆地

中国面积最大的内陆盆地。盆地处于天山和昆仑山、阿尔金山之间。东西长1 500公里，南北宽约600公里，面积达53万平

> **知识链接** 塔克拉玛干沙漠位于塔里木盆地中心，几乎终年无雨，含有储量丰富的石油和天然气，地形封闭，开口朝东南。

塔里木盆地

方公里，海拔高度在800米~1 300米之间，地势西高东低，盆地的中部是著名的塔克拉玛干沙漠，边缘为山麓、戈壁和绿洲（冲积平原）。

塔里木河

塔里木河在新疆维吾尔自治区塔里木盆地北部。由发源于天山的阿克苏河、发源于喀喇昆仑山的叶尔羌河以及和田河汇流而成，流域面积19.8万平方公里，最后流入台特马湖。它是我国最长的内陆河，全长2 100多千米，仅次于俄罗斯的伏尔加河。历史上塔里木河河道南北摆动，迁徙无定。最后一次在1921年，主流向东流入孔雀河注入罗布泊。1952年，在

塔里木河

尉犁县附近筑坝，同孔雀河分离，河水复经铁干里克故道流向台特马湖。

准噶尔盆地

准噶尔盆地位于阿尔泰山与天山之间，西侧为准噶尔西部山地，东至北塔山麓。盆地呈不规则三角形，地势向西倾斜，北部略高于南部。盆地西侧有几处缺口，如额尔齐斯河谷、额敏河谷及阿拉山口。西风气流由缺口进入，为盆地及周围山地带来降水。

◀ 魔鬼城

风物特产

巴旦木

又名巴旦杏仁，也有俗称薄壳杏仁，是维吾尔族人民最珍视的干果，主要产在天山以南喀什绿洲的疏附、英吉沙、莎车、叶城等县。每逢初秋，当果园里的巴旦杏由绿变黄微带红晕、开始干裂成熟的时节，人们就络绎不绝地前去选购采摘，迅速将成熟的巴旦杏争购一空。

◀ 巴旦木

巴旦木营养价值很高，它的营养比同重量的牛肉高6倍。据化验，仁内含植物油55%～61%，蛋白质28%，淀粉、糖10%～11%，并含有少量胡萝卜素、维生素B_1、B_2和消化酶、杏仁素酶、钙、镁、钠、钾，同时含有铁、钴等18种微量元素。巴旦木仁是维吾尔人传统的健身滋补品。巴旦杏品种繁多，约有40多个，分为软壳甜巴旦杏品系、甜巴旦杏品系、厚壳甜巴旦杏品系、苦巴旦杏品系、桃巴旦杏品系五个家族。

石榴

石榴，维吾尔语称作"阿娜尔"。公元前2世纪前后，臣属于汉朝的安国、石国是西域石榴的集中产地。当时内地人民把这种从西域传入的果品命名为"安石榴"，简称"石榴"。

石榴

新疆喀什盛产高品质的石榴。果实大，圆球形，单果重400克，最大1000克。果粒大，鲜红色，汁多味浓，籽粒透明，放射状宝石花纹多而密，味甜有香气。核小而软，可溶性固形物15%以上，品质极优。

石榴全身都是宝，果皮、根、花皆可入药。其果皮中含有苹果酸、鞣质、生物碱等成分，有明显的抑菌和收敛功能，能有效地治疗腹泻、痢疾等症。另外，石榴的果皮中含有碱性物质，有驱虫功效；石榴花则有止血功能，且石榴花泡水洗眼，还有明目的效果。红石榴中含有的钙、镁、锌等矿物质萃取精华，能迅速补充肌肤所失水分，令肤质更为明亮柔润。

维吾尔族人民对石榴尤为喜爱，许多姑娘即取名为"阿娜尔古丽"（石榴花）、"阿娜尔罕"；在文学作品中，用"阿娜尔"形容女性的窈窕美丽和比喻人的心灵纯美；在日常生活中，还有以石榴为礼物，互相馈赠的习俗。

白杏

库车的白杏是新疆特产之一。库车栽培杏的历史已有两千多年，现保留下来的优质品种就有20多个，大的宛若鸡蛋，小的形似荔枝，红、白、黄三种白杏基色混交一体。其中以阿克西米西白杏品质最佳，它果肉厚、纤维少、汁液多、甜味浓，浅咬一小口,用舌尖轻轻一品,小白杏的香甜随着舌的味觉满口生香,浓汁滑入肺腑,润泽五脏。美味独特的库车包仁杏干就是用这种白杏加工的。加工工艺也别具一格,先将果肉做成包皮,然后叠起,中间包一粒杏仁。这种传统的风味干果珍品,因色泽金黄,甘甜如蜜,誉满丝绸之路。

哈密大枣

哈密大枣的历史已有两千余年,古代谓之"香枣"。唐太宗李世民品尝哈密大枣后御封为"贡枣",从此成为历代皇室贡品。哈密大枣能入药,"主治安中养脾,平胃,久服轻身延年"。另外含有药用价值的月桂酸、豆冠稀酸和油酸、亚麻酸等成分,具有补脾益气,润肺生津,养颜驻容,延年益寿之功效,属高贵滋补品。素有"哈密大枣,天下一绝"的美称。哈密大枣个大肉厚,外观紫红具有光泽,食之含独特的药香,是全国约700种红枣家族中的果中翘楚。

哈密瓜

哈密瓜又名雪瓜、贡瓜,一类优良甜瓜品种。果型圆形或卵圆形,出产于新疆。哈密瓜味甜,果实大,以哈密所产最为著名,故称为哈密瓜。因其味道甜美,又属于蜜瓜的一种,哈密瓜常被误写为"哈蜜瓜"。

哈密瓜,维吾尔语称"库洪",源于突厥语"卡波",意为"甜瓜"。哈密瓜有"瓜中之王"的美称,含糖量在15%左右。形态各异,风味独特,有的带奶油味、有的含柠檬香,但都味甘如蜜,奇香袭人,饮誉国内外。在诸多哈密瓜品种中,以"红心脆""黄金龙"品质最佳。

哈密瓜不但好吃,而且营养丰富,药用价值高。哈密瓜有180多个品种及类型,又有早熟夏瓜和晚熟冬瓜之分。冬瓜耐贮存,可以放到来年春天,味道仍然新鲜。

◀ 哈密瓜

吐鲁番葡萄

吐鲁番在新疆中部的低洼盆地上,被称为"火洲",我国葡萄主要生产基地,总产量占全疆的52.84%,是全中国的五分之一。由于这里气温高、日照时间长、昼夜温差大,特别适合葡萄的生长,因而瓜果丰茂,又因独特的地理位置使吐鲁番的地下水贮量丰富,所以水果中的含糖量非常高。葡萄品种有无核白、红葡萄、黑葡萄、玫瑰香、白布瑞克等500多种,仅无核白葡萄就有20个品种,它的含糖量可高达22%~24%,堪称"世界葡萄植物园"。

葡萄丰收 ▶

库尔勒香梨

库尔勒香梨原产于新疆南疆巴音郭楞蒙古自治州、阿克苏等地,至今已有1 300年的栽培历史,为古老地方优良品种。该州库尔勒市种植面积最多,种植面积达2.4万亩,年产量在千吨以上。

库尔勒香梨营养价值高,库尔勒香梨不仅可以生食,而且可以做梨酒、梨膏等相关食品,并有"润肺、凉心、消痰、消炎、止咳、解疮毒酒毒"等医疗作用,维吾尔医、蒙医中常把它作为食疗佳品。

阿图什无花果

新疆无花果具有"水果皇后"的美名,品质优良,风味独特,在塔里木盆地大量栽培,以阿图什种植最多。其时果甘甜多汁,味芳香,堪与岭南香蕉和奶油椰

水果皇后——无花果 ▶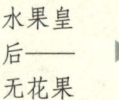

丝比美，除鲜果入市外，还可做果干和果酱。

　　无花果含有丰富的蛋白质分解酶、脂酶、淀粉酶和氧化酶等酶类，能促进蛋白质的分解。所以，当人们多食了富含蛋白质的荤食以后，以无花果做饭后的水果，有帮助消化的良好作用，此外还能止腹泻、治咽喉痛。无花果的果实、叶片、枝干乃至全株均可入药。在浴盆中放入干燥的无花果叶片，有暖身和防治神经痛与痔瘘、肿痛的效果，同时还具有润滑皮肤的美容作用。

文明古城

交河故城

　　交河故城是世界上最大、最古老、保存最完好的生土建筑城市，也是我国保存两千多年最完整的都市遗迹。1961年被列为国家重点文物保护单位。2014年被列入《世界遗产名录》。

　　交河故城是公元前2世纪—5世纪由车师人开创和建造的，在南北朝和唐朝达到鼎盛，9世纪—14世纪由于连年战火，交河城逐渐衰落。元末察合台时期，吐鲁番一带连年战火。交河城毁损严重，终于被弃。

　　交河故城的布局大体分为三部分，一条长约350米、宽约10

◀ 交河故城

米的南北大道，把居住区分为东、西两大部分。大道的北端有一座规模宏大的寺院，并以它为中心构成北部寺院区。城北上还建有一组壮观的塔群，东南方有一座宏伟的地下宅院，顶上有11米见方的天井，天井东面南道，设有四重门栅，天井地面有一条宽3米、高2米的地道，长60米，与南北大道相通。西部有许多手工作坊。大道两侧是高厚的土垣，垣后是被纵横交错的短巷分割的"坊"，临街不开门。"坊"内有居住遗址和纺织、酿酒、制鞋等手工作坊。东侧有军营、余为民居。交河城仅有东门和南门两座城门。由于城建在30米高的悬崖上，不用筑城垣，城门亦非正式建筑。

交河故城是"丝绸之路"上的历史名城，是古代西域政治、军事的中心之一，是古代车师、汉、回鹘等民族先后共同开发建设的历史纪念碑，对研究东西方文化交流、丝绸之路、中亚文明史以及中国古代城市建筑、宗教、艺术等有重要意义。

高昌故城

高昌故城遗址坐落在吐鲁番市东面约40公里的哈拉和卓乡所在地附近，北距火焰山南麓的木头沟沟口（胜金口）约6.5公里，东距鄯善县城约55公里。1961年3月，被国务院首批公布为全国重点文物保护单位。

高昌故城自公元前1世纪建高昌壁，到13世纪废弃，使用了1 300多年。始建时间距今已有两千多年了。

故城平面略呈不规则的正方形，布局可以分为外城、内城和

高昌故城遗址

宫城三部分，总面积约200公顷。外城墙基厚12米，高达11.5米，周长约5公里；夯土筑成，夯土层厚8厘米~12厘米，间杂少量的土坯，有清楚的夹棍眼；外围有保存完好凸出的马面。南面有三个城门，其余三面各有两个城门。西面北边的城门保存最好，有曲折的瓮城。内城在外城中间，城墙全为夯土城，西、南两面保存较好，其建筑年代较外城为早。宫城在最北面，外城的北墙就是宫城的北墙，内城的北墙是宫城的南墙。

> **知识链接** 高昌城北面原是一片茫茫戈壁，居民死后大都葬在这里。整个墓群从城东北一直延伸到城西北，东西长约5公里，南北宽2公里，占地10平方公里左右。20世纪初以来，在这里发掘清理墓葬500多座，出土文书、丝毛棉麻织物、墓志、钱币、泥塑木雕俑、陶木器皿、绘画、农作物、瓜果食品等各种历史文物数以万计。1988年被列为国家级重点文物保护单位。

楼兰古城

举世闻名的楼兰古城，位于罗布泊西部，在古代丝绸之路上占有极为重要的地位。我国内地的丝绸、茶叶，西域的马、葡萄、珠宝，最早都是通过楼兰进行交易的。楼兰古国在公元前176年前建国，到630年却突然神秘地消失了，只留下了一片废墟静立在沙漠中，引发后人很多的遐想。

楼兰古城四周的墙垣，10多处已经坍塌，只剩下断断续续的墙垣孤零零地站立着。城区呈正方形，面积约12万平方米。楼兰遗址全景旷古凝重，城内破败的建筑遗迹了无生机。

◀ 楼兰古城遗址

1900年3月29日,斯文·赫定一行发现古城遗址,到1979年新疆考古研究所对古城古道进行调查、考察,发现了大批的古墓,有大批的汉文木简、纸文书和一些粟特文书以及精美绝伦的丝、毛织品,别具风格的木雕饰件出土。其中几座墓葬外表奇特而壮观:围绕墓穴是一层套一层共七层由细而粗的圆木,圈外又有呈放射状四面展开的列木。整个外形像一个大太阳,不由得让人产生各种神秘的联想。它的含义究竟如何,还是一个未解之谜。

北庭故城

北庭故城是古代西域的著名城池之一,位于吉木萨尔县城北20公里处。远在两汉时期,建有金满城,是当时西域的车师后国王庭所在地。唐代发展成为天山北麓的政治、军事和文化中心,曾有重兵驻守;712年设置北庭都护府,以此地为治所,统辖北疆广大地区,所以称作北庭。宋代此城为高昌王的行宫,元代为别失八里帅府。1988年2月,被列为全国重点文物保护单位。现存遗址南北长1500米,城墙残高约7米,宽约5米,它是在汉代金满城的基础上扩建而成的。现留存残垣断壁,但官署和街市依稀可见,曾出土了唐代铜狮、玉石、镇纸等大批文物。

北庭都护府故城遗址

名胜古迹

阿帕克霍加墓

阿帕克霍加墓坐落在喀什市东郊5 000米的浩罕村，系自治区的重点文物保护单位。这是一座典型的伊斯兰古建筑群，也是伊斯兰教圣裔的陵墓，占地2公顷。据说墓内葬有同一家族的五代72人。因其中葬有明末清初喀什著名伊斯兰教"依禅派"大师阿帕克霍加而得名。阿帕克霍加是墓中第二代人，曾一度夺得叶尔羌王朝的世袭政权，更成为17世纪"依禅派"伊斯兰教的首领，名望远远超过其传教大师的父亲。

阿帕克霍加墓

阿帕克霍加墓整个陵园是一组构筑得十分精美宏伟的古建筑，四角各立一座半嵌在墙内的巨大砖砌圆柱，柱顶各建一座精致的圆筒形"邦克楼"，楼顶各有一根铁柱群，由门楼、大、小礼拜寺、教经堂和主墓室五部分组成。主体陵墓是一座长方形拱顶的高大建筑，高26米，底长35米，纵深29米，高擎着一弯新月。主墓室顶呈圆形，其圆拱直径达17米，无任何梁柱。主墓室外墙和顶层全部用绿色琉璃砖贴面，有花纹的黄色或蓝色瓷砖，显得富丽堂皇、庄严肃穆。陵墓厅堂高大宽敞，平台上排列着坟丘，坟丘是用白底兰花琉璃砖砌成，晶莹素洁。大礼拜寺在陵园的西半部，名"艾依提甲衣"，节日期间供教徒们做礼拜用。小礼拜寺和门楼是一组最外面的建筑物，彩绘和砖雕图案极为精美。寺外有一池清水，林木参天，清幽宜人。

吐虎鲁克·铁木尔汗麻扎

吐虎鲁克·铁木尔汗麻扎位于霍城县西北的大麻扎乡，是吐虎鲁克·铁木尔汗的陵墓，为后人宣扬其功德而修建，是新疆现存的唯一元代建筑。2001年6月，被国务院公布为第五批全国重点文物保护单位。

> **知识链接** 1347年，察合台汗国分裂。西察合台汗国以河中地区为中心，大权旁落到信奉伊斯兰教的蒙古贵族手中。与此同时，东部的喀什噶尔格拉特蒙古贵族则拥立成吉思汗的第七代孙，年仅18岁的吐虎鲁克·铁木尔为东察合台汗国可汗，定都于阿力麻里（今霍成县西）。这一政权历时三个世纪之久，史称"蒙兀儿斯坦"，又称"别失八里"。

遗址占地22亩，是一座具有浓郁的伊斯兰教风格的古代砖木结构建筑。陵墓坐西朝东，墓室南北长度为10.7米，东西长度为15米，墓室方形建筑体的高度为7.9米，墓室拱顶高度为5.45米。建筑面积为160平方米。顶部为穹庐形，无立柱横梁，室内

吐虎鲁克·铁木尔汗麻扎

有暗梯可登临其顶；正面墙壁用紫、白、蓝三色琉璃砖镶成各种美术图案，精致华丽，装饰面积为85平方米。这座穹隆式麻扎，正殿高13.35米，正门的墙壁用26种彩色釉砖镶砌，绘制有21种纹饰图案。门额上有阿拉伯文的颂词："伟大的皇帝，你是伟业和恩典的海洋，伊斯兰教的堡垒。神佑胜利善良人的保卫者，安拉的崇高的语言的充实者。伊斯兰教的光荣和骄傲。"与此墓并列的还有一座穹隆式陵墓，但规模稍小些，据称是吐虎鲁克·铁木尔汗之妹的陵寝，保存也较完好。

克孜尔千佛洞

克孜尔千佛洞，又称克孜尔石窟或赫色尔石窟，佛教石窟，位于新疆拜城县克孜尔镇东南7 000米明屋塔格山的悬崖上，南面是木扎特河河谷绵延数千公里，共有石窟236个，其中保存壁画的洞窟有80多个，壁画总面积约1万平方米。它是我国开凿最早、地理位置最西的大型石窟群，大约开凿于3世纪，在8世纪—9世纪逐渐停建。1961年公布的第一批全国重点文物保护单位之一。

克孜尔千佛洞的洞窟形制大致有两种：一种为僧房，是供僧徒居住和坐禅的场所，多为居室加通道结构，室内有灶炕和简单的生活设施；另一种为佛殿，是供佛徒礼拜和讲经说法的地方。

19世纪末20世纪初，接踵而至的西方探险队从克孜尔石窟劫

克孜尔千佛洞

掠走大量精美的壁画，陈列在英国、德国、印度等国家的艺术博物馆，破坏了克孜尔千佛洞壁画的整体美，留下惊世遗憾。

艾提尕尔清真寺

艾提尕尔清真寺是新疆最大的清真寺，也是中亚最有影响力的三大清真寺之一。新疆维吾尔自治区重点文物保护单位。

艾提尕尔清真寺始建于1442年，占地25.22亩，坐落在喀什市中心艾提尕广场西侧。这是一个有着浓郁民族风格和宗教色彩的伊斯兰教古建筑群，坐西朝东，由寺门塔楼、庭园、经堂和礼拜殿四大部分组成。目前这里已经成为全新疆穆斯林聚礼处，每天到这里礼拜的人达到两三千人，星期五主麻日下午男穆斯林的礼拜人数达到六七千人。古尔邦节时，全疆各地都有穆斯林前来礼拜，通宵达旦地狂欢。

艾提尕尔清真寺

吐鲁番苏公塔

苏公塔属全国重点文物保护单位，又称额敏塔，位于吐鲁番市东郊2公里的木纳村，是一座造型新颖别致的塔形伊斯兰教建筑。苏公塔是新疆境内现存最大的古塔，建成于1778年，它是清朝名将吐鲁番郡王额敏和卓，为了恭报清王朝的恩遇，表达自己对真主的虔诚，并使自己一生的业绩流芳后世，而自出白银7 000

苏公塔

两建造。

整个建筑群由古塔和清真寺两大部分组成，古塔是灰砖结构，为清代维吾尔建筑大师伊不拉欣所建，除了顶部窗棂外，基本不用什么木料。塔身浑圆，自下而上，逐渐收缩。塔基直径达10米。通高有40米。塔身中心是用灰砖砌起的粗粗实实的一个圆形柱。圆柱蜿蜒向上，同样使用砖块砌起的阶梯，呈螺旋形铺展。塔体显示了维吾尔族优秀的建筑艺术传统。高达40米的砖塔，自底到顶，一色灰黄、平淡的土砖会使人感到沉闷、单调，但在聪明过人的维吾尔匠师们别具匠心的砌叠中，用一块块土砖砌成了10多种格调的几何图案：波浪、菱格、团花——循环往复，变化无穷。立身塔下，抬头仰视，就如置身一幅复杂而变幻的装饰画前。

哈密回王墓

哈密回王墓是清代新疆哈密历代回王及其家族的陵园,俗称"回王坟""王爷坟",位于哈密市西南郊之回城。

1696年,哈密维吾尔族达尔罕汗伯克乌拜杜拉归附清朝,被清圣祖封为"回王",共历九世,计231年。1868年,清政府追封七世回王博锡尔为"和硕亲王",并赐银2万两为其建陵墓,历时20年始成。20世纪80年代,人民政府拨款进行全面维修,其陵园内的清真寺是哈密地区最大的清真寺和维吾尔族穆斯林举行会礼的场所。为自治区级文物保护单位。

哈密回王墓

哈密回王墓为伊斯兰式建筑,下方上圆,高约25米,四隅建半嵌入墙中的邦克楼,墓后右侧邦克楼中空,内有螺旋式阶梯通向墓顶平台。外部以白色蓝花瓷砖贴面,内壁通体彩绘花卉和几何图案,穹隆顶是苍绿琉璃砖。整个建筑高大雄伟,色泽素雅。现存木结构3层亭式拱北2座,附属清真寺1座。

阿图什苏图克·布格拉汗麻扎

新疆地区喀喇汗王朝第一位信奉伊斯兰教的可汗苏图克·布格拉汗的陵墓。当地简称"苏勒坦(素丹)麻札"。在新疆维吾尔自治区阿图什市逊塔克乡。

始建于955年—956年（伊斯兰教历344年），为新疆最早的"麻扎"。据传，初建的拱北坍塌后，曾重建一座高大的9顶拱北。叶尔羌汗国时期，毁于洪水，只重建了一座小拱北。1872年曾进行大规模增建和扩建，1944年再次毁于洪水。

整体建筑占地约20亩。由拱北、清真寺、经文学校、大门、水池等组成。礼拜大殿修建于1902年，土木结构，方体平顶，由57根雕花木柱支撑。拱北砖木结构，方体尖顶。门东向，三面开有拱形窗。墙面用砖拼成多种几何图案，线条流畅，造型别致。

参考文献

1. （北宋）王溥. 唐会要卷九十八
2. （北宋）欧阳修，宋祁，范镇，吕夏卿. 新唐书卷二百一十七回鹘传下
3. （北宋）司马光. 资治通鉴卷二百四十六
4. （清）王树楠等. 新疆图志
5. 曾问吾. 中国经营西域史. 北京：商务印书馆，1936
6. 新疆维吾尔自治区民族研究所. 新疆简史. 乌鲁木齐：新疆人民出版社，1978
7. 冯家升，程溯洛，穆广文. 维吾尔族史料简编. 北京：民族出版社，1981
8. 哈力克·沙克. 试论维吾尔民间故事中的哲学思想. 新疆大学学报（哲学人文社会科学版），1981（4）
9. 阿不都秀库尔. 穆罕默德论法拉比哲学体系. 哲学研究，1981（11）
10. 刘志宵. 维吾尔族历史. 北京：民族出版社，1985
11. 中国少数民族自治地方概况丛书. 焉耆回族自治县概况. 乌鲁木齐：新疆人民出版社，1986
12. 新疆钱币图册编辑委员会. 新疆钱币. 乌鲁木齐：新疆美术摄影出版社，香港文化出版社，1991
13. 新疆党史委，新疆党校. 中国共产党新疆历史大事记（上）. 乌鲁木齐：新疆人民出版社，1993
14. 任一飞，亚森·吾守尔. 维吾尔族. 北京：民族出版社，1997
15. 走进新疆. 乌鲁木齐：新疆美术摄影出版社，1998
16. 李晋有. 民族知识千题. 北京：中央民族大学出版社，1999
17. 张胜仪. 新疆传统建筑艺术. 乌鲁木齐：新疆科技卫生出版社，1999
18. 尚衍斌. 元代畏兀儿研究. 北京：民族出版社，1999
19. 帕哈尔丁·依沙米丁. 维吾尔传统工艺文化研究. 新疆大学博士学位论文，2001
20. 阿扎提·苏里坦，张明，努尔买买提·扎曼. 二十世纪维吾尔文学史. 乌鲁木齐：新疆大学出版社，2001
21. 海热提江·乌斯曼. 维吾尔古典文学史概论. 乌鲁木齐：新疆人民出版社，2001
22. 耿世民. 耿世民维吾尔古代文献研究. 北京：中央民族大学出版社，2003

23. 张昕中. 哈密木卡姆.《丝绸之路》2004（6）

24. 安尼瓦尔·赛买提. 禁忌与维吾尔传统文化. 乌鲁木齐：新疆人民出版社, 2004

25. 历史地理国际学术研讨会. 西部历史环境与文明的演进. 2004

26. 新疆维吾尔自治区对外文化交流协会. 维吾尔族民俗文化. 乌鲁木齐：新疆美术摄影出版社, 新疆电子音像出版社, 2006

27. 俞人豪. 中国新疆维吾尔木卡姆艺术. 北京：中央音乐学院出版社, 2007

28. 艾比布拉·阿布都沙拉木. 人文视野中的刀郎文化. 乌鲁木齐：新疆人民出版社, 2007

29. 闫韶华. 简析维吾尔族传统伦理道德中的伊斯兰教伦理要素. 乌鲁木齐：新疆师范大学硕士学位论文, 2007

30. 穆洪洲. 吐鲁番地区传统建筑地域性研究. 西南交通大学硕士学位论文, 2008

31. 周兰兰. 喀什老城区院落形态的传统研究. 新疆师范大学硕士学位论文, 2009

32. 史洁, 吴婷等. 维吾尔族刀郎木卡姆研究综述. 魅力中国, 2009（10）

33. 假日旅游. 2009（6）

34. 李庆辉. 哈密木卡姆. 乌鲁木齐：新疆人民出版社, 2009

35. 热合木吐拉·艾山. 新疆维吾尔族扎吉德教育研究. 新疆师范大学硕士学位论文, 2009

图片提供者
(按姓氏音序排列)

《清史图典》	克依木·卡迪尔	第 145 页	第 50 页	第 127 页
第 17 页	第 44 页	第 154 页	第 51 页	第 130 页
第 18 页	第 159 页（下）	第 167 页	第 52 页	第 131 页
第 19 页	克尤木·卡德	第 168 页	第 53 页	第 132 页
《中国少数民族文物图典》	第 27 页	第 170 页	第 54 页	第 133 页
	第 102 页	第 181 页	第 55 页	第 134 页
第 60 页	木太里甫·麦麦提依明	第 183 页	第 56 页	第 135 页
阿不力克木·艾买提	第 146 页	第 184 页	第 58 页	第 136 页
第 14 页	南丁	第 185 页	第 59 页	第 137 页
第 15 页	第 22 页	第 186 页	第 61 页	第 140 页
第 24 页	第 23 页	第 187 页	第 62 页	第 147 页
第 31 页	第 25 页	第 188 页	第 63 页	第 148 页
第 32 页	第 26 页	第 189 页	第 67 页	第 149 页
第 33 页	第 66 页	第 190 页	第 68 页	第 150 页
第 35 页	第 99 页	第 191 页	第 69 页	第 151 页
第 90 页	第 104 页	第 192 页	第 70 页	第 152 页
第 120 页	第 106 页	亚力昆·阿比尔	第 71 页	第 153 页
第 176 页（下）	第 107 页	第 11 页	第 72 页	第 157 页
第 178 页	第 108 页	第 13 页	第 74 页	第 158 页
第 182 页（下）	第 109 页	第 34 页	第 75 页	第 159 页（上）
艾拉提·买买提依明	第 110 页	第 36 页	第 76 页	第 160 页
第 80 页	第 111 页	第 38 页	第 78 页	第 165 页
第 171 页	第 114 页	第 39 页	第 79 页	第 176 页（上）
第 172 页	第 117 页	第 40 页	第 83 页	第 178 页
第 173 页	第 122 页	第 41 页	第 84 页	第 180 页
艾西丁·托乎提	第 124 页	第 42 页	第 85 页	第 182 页（上）
第 43 页	第 125 页	第 45 页	第 95 页	第 193 页（下）
第 88 页	第 141 页	第 46 页	第 99 页	张龙
第 156 页	第 142 页	第 47 页	第 115 页	第 101 页
何荣伟	第 143 页	第 48 页	第 119 页	
第 20 页	第 144 页	第 49 页	第 123 页	

后记

《走近中国少数民族·维吾尔族》一书的撰写工作已经完成，我们试图全面而又概括性地介绍维吾尔族，使更多人对维吾尔族有更多的全方位的了解和认识，其实这本书还可以继续在广度和深度上加以拓宽。

听到"新疆""维吾尔族"这两个词时，也许在你心中会有意无意给新疆和维吾尔族一个标签吧？想到的就是自然风光、歌舞、瓜果、沙漠，等等。也许你去过新疆，也许你对新疆的印象只是片面的记忆，那么你对新疆和维吾尔族的了解有多少呢？这本书可以带你走进新疆、走近维吾尔族，但愿能对更多的读者朋友了解维吾尔族起到一些作用。

维吾尔族有着悠久的历史，而且有灿烂辉煌的文化。在漫长的历史发展过程中，维吾尔族人民用勤劳和智慧创造了灿烂的文化，历史上乃至当今都有很多对伟大祖国做出杰出贡献的人物。改革开放以来新疆发生了巨大变化，如今涌现出的一批批的优秀青年正在社会的不同领域为祖国做着贡献，在用行动向大家讲述着维吾尔族的故事，把这种正能量传递着。

本书使用的图片比较多，采用了几位摄影作者的精美图片，以图文并茂的形式更加清晰生动地呈现给大家。

艾克拜尔·吾拉木

2014年12月

走近中国少数民族丛书
ZOUJINZHONGGUOSHAOSHUMINZU CONGSHU

蒙古族	土族
回族	达斡尔族
藏族	仫佬族
维吾尔族	羌族
苗族	布朗族
彝族	撒拉族
壮族	毛南族
布依族	仡佬族
朝鲜族	锡伯族
满族	阿昌族
侗族	普米族
瑶族	塔吉克族
白族	怒族
土家族	乌孜别克族
哈尼族	俄罗斯族
哈萨克族	鄂温克族
傣族	德昂族
黎族	保安族
傈僳族	裕固族
佤族	京族
畲族	塔塔尔族
台湾少数民族	独龙族
拉祜族	鄂伦春族
水族	赫哲族
东乡族	门巴族
纳西族	珞巴族
景颇族	基诺族
柯尔克孜族	

维吾尔族
Weiwu'erzu

维吾尔族是中国多民族大家庭中的一员，是中亚最古老的民族之一，它不仅有悠久的历史，而且有灿烂辉煌的文化。在漫长的历史发展过程中，维吾尔族人民用勤劳和智慧创造了优秀的文化，有着独特的民族风情。

ISBN 978-7-5497-1236-6

定价：38.00元

阅读励志故事
体悟身边感动
扬起美德风帆
抒写美好人生

好人365

中央文明办中国文明网 编

好人365故事

青少版 第四季
诚实守信

河北出版传媒集团
河北教育出版社